Peter Spangenberg

Alles hat seine Zeit

Peter Spangenberg

Alles hat seine Zeit

Aus der Weisheit der Bibel
die Bücher Prediger Salomo und Jesus Sirach
übertragen in die Sprache unserer Zeit

Agentur des Rauhen Hauses Hamburg

Für meine Kinder

Kirsten und Thomas
Angelika und Stephan
Anneke und Michael

Satz: Partner Satz GmbH, Hamburg
Schrift: Avant Garde
Lithos: connected 2000 GmbH, Hamburg
Druck: Printer Portuguesa, Portugal
Der Umwelt zuliebe gedruckt auf chlorfrei gebleichtem Papier
ISBN 3 7600 1610-3
Best.-Nr. 1 1610-5

Da lagen sie vor und neben mir – die Texte in hebräischer, griechischer und lateinischer Sprache, aber auch in drei unterschiedlichen deutschen Übersetzungen. Weisheitsliteratur: Zeugen aus den drei Jahrhunderten vor Christus. Zum Teil wirken sie wie fromme Rezeptbücher: Soll der Alltag gelingen, dann nehme man eine Prise Ehrfurcht usw...
Andererseits machen sie den Eindruck von Reiseberichten, die begeisterte und kritische Auskunft geben über den Weg nach innen, aber auch in die weite Welt.
Streckenweise ähneln sie Tresoren oder Schließfächern der Seele, in denen sich die Wertpapiere der Erfahrung stapeln. Zwischendurch lesen sich diese Bücher wie Poesiealben mit geheimnisvollen Andeutungen und hymnischer Sprache.
Ganze Passagen erinnern an pädagogische Lehrbücher über Theologie, Politik, Alltag und Welt.
Manches ist katechismusartig geordnet, anderes ließe sich singen, wieder anderes ist ein Bekenntnis, und in alledem spielt die Verankerung des Menschen in Gott die entscheidende Rolle.

Ich wollte nicht übersetzen, sondern übertragen. Das hieß für mich, die Bindung an den originalen Inhalt zu gewährleisten. Es bedeutete aber auch, die Anbindung an unsere heutige Erkenntnis- und Erlebniswelt zu versuchen. Allein der Begriff der Weisheit hat in den genannten Sprachen höchst unterschiedliche Bedeutungen, wie auch die Äste eines Baumes aus dem einen Stamm in unterschiedliche Richtungen wachsen. In meiner Übertragung tauchen für den Begriff der Weisheit andere Worte auf: Ehrfurcht, Erkenntnis, Einsicht, Verantwortung, Gewissenhaftigkeit, Besonnenheit, Vernunft, Frömmigkeit, Seele u.a.m. Aber erst alle zusammen nähern sich dem alttestamentlichen Wort. So war es eine spannende, wenngleich mühselige Arbeit, die Zeitgeschichte im Hintergrund der Schriften zu bewahren, um die Inhalte gleichzeitig für unsere Zeit zu dolmetschen.
Man sollte dieses Buch nicht in einem Atemzuge lesen wollen, sondern die Texte wie Meditationseinheiten behandeln. Dann erst kann man sich über sie ärgern oder sich an ihnen freuen. Ich jedenfalls gewann große Ehrfurcht vor der Redlichkeit der Verfasser und ihrem Willen, Bewährtes aus Glaube und Leben zum bleibenden Vermächtnis werden zu lassen.

Peter Spangenberg

Erster Teil

Alles hat seine Zeit

Das Buch Prediger Salomo

DER PREDIGER

Ein seltsames Buch aus dem alttestamentlichen Regal der Weisheit. Es trägt fast das Stigma einer No-future-Generation.
Verfasser unbekannt, Entstehungszeit unbekannt.
Der Autor muß ein Mensch des dritten vorchristlichen Jahrhunderts gewesen sein, dem eine ungeheure Welt- und Lebenserfahrung zu Gebote stand.
War er ein Poet, der die Maßstäbe der Ästhetik bewahrt?
War er ein Skeptiker, der dem Zweifel den Vorzug gibt?
War er ein Grübler, der einsame Vertiefung liebt?
War er ein Redner, ein Meister des Wortes?
War er ein Aufklärer, der ein Plädoyer für die Vernunft hält?
Ben-David oder Salomo war er nicht.
Das lassen die geschichtlichen Abstände gar nicht zu.
Aber er war einer, der aus selbstbiographischen Reflexionen zu allgemeingültigen Betrachtungen findet.
Auch war er einer, der aus dem Vorrat lebendiger Tradition das Wesentliche zu retten verstand.
Müde geworden war er auch. Resignation kennzeichnet ihn streckenweise.
Aber er sucht die Auseinandersetzung mit dem oberflächlichen Denken. Ihm geht es um Wurzeln, ja um Radikalität.
So wird er unter der Hand doch zum Kohelet, zum „Einsammler", zum „Einberufer" und legt Betrachtungen über Welt und Leben vor.
In Rede und Spruch, in Aphorismus und Bekenntnis entwirft er eine Theologie der Besonnenheit.
Darin wird er für mich zum unmittelbaren Zeitgenossen und trifft den Nerv vieler Menschen von heute.
Mehr als interessant ist seine Ethik der Grenze, die bestimmt wird von der Begrenzung menschlicher Einsicht und vom Ende des Lebens. Aber seine Hoffnung reicht weit über diese Grenze hinaus.
Ich habe bei diesem „Anonymus" viel gelernt und gebe es weiter in meiner Sprache.

HINTER DEM HORIZONT DER ZUKUNFT

Letzten Endes hat nichts wirklich Bestand;
Menschenwerk ist und bleibt vorläufig.
Bei allem, was sich der Mensch mit Anstrengung schafft,
hat nichts bleibenden oder endgültigen Wert.
Eine Generation tritt ab,
die nächste kommt wie im fliegenden Wechsel.
Die Erde aber überdauert uns.
Der Rhythmus von Sonnenaufgang und Sonnenuntergang
hört nicht auf.
Winde und Stürme kommen auch künftig
aus allen Himmelsrichtungen.
Rinnsale, Bäche und Flüsse münden ins Meer,
dessen Wasserspiegel gleich bleibt.
Die ganze Schöpfung bewahrt ihre Gesetzmäßigkeiten.
Menschliche Worte und Sprache reichen nicht aus,
um die Fülle zu benennen.
Unsere Augen können den Reichtum der Schöpfung
weder durchschauen noch ihre Pracht erkennen.
Unsere Ohren können die Klänge der Wunder
nur andeutungsweise vernehmen.
So gesehen geht alles seinen festen Gang.
Was geschah, wird wieder geschehen,
als ob es keine Überraschungen mehr gäbe.
Wenn dann jemand kommt und sagt:
Hier, ich habe eine Entdeckung!
Ist es wirklich eine Entdeckung?
Gab es das oder Ähnliches nicht schon lange vor uns?
Wir übersehen oft,
daß es eine lange Geschichte vor uns gab;
und wir übersehen auch leicht,
daß noch Generationen nach uns kommen;
und was hinter dem Horizont der Zukunft liegt,
bleibt uns vollends fremd.

MACHT UND WISSEN, WELT UND LEBEN

Ich weiß, wovon ich rede.
Ich hatte Macht und Wissen.
Ich habe alles daran gesetzt,
Welt und Leben zu erkunden.
Die Gabe des Suchens haben wir von Gott.
Aber wir verrennen uns meistens
und geraten in lähmende Unrast und quälende Hektik.
Ich habe das alles erlebt und beobachtet.
Mein Ergebnis heißt:
Gemessen an Gott und der Größe seiner Schöpfung
baut der Mensch lediglich Traumschlösser.
Der Mensch
kann das Leben in seiner Eigenart nicht verändern;
grundsätzliche Defizite
kann er von sich aus nicht ausgleichen.
Oft sagte ich zu mir:
Da habe ich also so viel gesehen und erkannt,
daß ich sogar Echtes vom Unechten
zu unterscheiden lernte.
Aber selbst diese Einsicht
ist im tiefsten Sinne nichts Endgültiges
und erinnert mehr an eine Luftblase.
Denn je größer das Wissen, desto größer die Skrupel.
Wer viel erkennt, hat auch viele Gewissensbisse
und seelischen Kummer.

VOM SINN DES LEBENS

Als ich an dem Punkt angekommen war,
beschloß ich, das Leben einfach zu genießen
und die Zeit richtig auszuschöpfen.
Aber auch das entpuppte sich alsbald als Sackgasse.
Mein eigenes Gelächter erschien mir
wie eine leere Clownerie.
Und wenn ich Lebensfreude empfand, überlegte ich:
Welchen Wert hat das auf Dauer?
Eine innere Stimme riet mir: Versuch's doch mal
mit gutem Wein, daß ich in sanftem Rausch
zu Erkenntnissen fände
und auch zu meinen Verrücktheiten stünde,
bis ich die Lösung für die Frage hätte:
Was bedeutet wirklich gutes Leben?
Was versuchte ich nicht alles:
Ich habe Häuser gebaut nach eigenem Entwurf.
Ich legte Weinberge an.
Nutz- und Ziergärten entstanden unter meiner Hand.
Obstbäume habe ich gepflanzt.
Teiche und Wasserwege zur Bewässerung
habe ich ausgeklügelt.
Ich habe viele Angestellte und Mitarbeiter gehabt.
Mein großer Viehbestand suchte seinesgleichen.
Gold und Wertpapiere habe ich angehäuft
und viele Wertsachen, wie sie Mächtige besitzen.
Musik ließ ich für mich machen.
Und – ich genoß die Liebe, ja den Sex,
einfach so und ohne Bedenken, aber reichlich.
Aber an meinen Erkenntnissen änderte sich nichts.
Dabei erfüllte ich mir jede Sehnsucht,
und ich gönnte mir jede Erfüllung.
Ja, ich empfand Befriedigung.

Aber als ich Bilanz zog und nach dem Bleibenden fragte,
erwies sich letztlich alles, was ich versucht hatte,
als Traumtänzerei und, bei Licht besehen, als umsonst.
Im Grunde wollte ich dreierlei unterscheiden lernen:
tiefe Einsicht, gleichermaßen das wahrhaftige Leben,
im Unterschied zu Verlogenheit und Dummheit
in der Gestalt von Ignoranz.
Ich stellte nur eine einzige Frage:
Was tut der, der nach mir kommt?
(Diese Frage läßt sich auf allen Ebenen stellen.)
Geht es künftig weiter, wie es immer schon ging?
Wahrscheinlich.
Da begriff ich, daß redliche Wahrheitssuche
wie ein Licht in der Dunkelheit wirkt.
Der Einsichtige benutzt seine inneren und äußeren Augen,
während der Narr im Dunkeln tappt.
Dennoch: Am Ende ihres Lebens sind beide gleich.
Warum habe ich mir dann überhaupt
so viel Mühe gegeben, das Leben in seinen Einzelheiten,
Möglichkeiten und Verführungen kennenzulernen?
Meine Antwort: Eigentlich war es vergeblich.
Man wird sich an gute und aufrichtige Menschen
nicht viel länger erinnern als an die törichten.
Bei dieser Bestandsaufnahme
empfand ich Frust und Enttäuschung.
Sollte denn wirklich mein Leben grundsätzlich
und tatsächlich nur so etwas wie ein Luftballon sein?
Im Rückblick empfand ich auch so etwas wie Sinnlosigkeit:
Warum sollte ich alles, was ich mir erworben hatte,
einem anderen vererben?
Wer weiß denn schon vorher,
ob es ein guter Mensch sein wird, der mit Sorgfalt und
Verantwortung verwaltet, was ich ihm überlasse?!

Also auch nur eine Hoffnung auf blauen Dunst?
Ich geriet so tief ins Grübeln,
daß ich mit dem Gedanken spielte,
meinem Leben ein Ende zu setzen.
Denn worin liegt der Sinn, daß wir alles,
was wir redlich, in Verantwortung und mit Bedacht
aufgebaut haben, einem Menschen hinterlassen müssen,
der gar nichts dazu beigetragen hat?
Allein der Gedanke daran ist doch schon bedrückend.
Was ist denn schon der Lohn
für alle Anstrengungen im Leben?
Wieviel Zeit verbringen wir mit Nachdenken und Plänen,
mit Konflikten und Leidensdruck,
mit schlaflosen Nächten und leeren Hoffnungen!
Das alles enttarnt sich doch auch von allein
als Schminke und Tünche.
Wäre es da nicht besser, zu trinken und zu essen,
zu feiern und zu genießen,
daß ich wenigstens in meinem Inneren
Genugtuung empfinde?!
Da erkannte ich,
daß alles gute Leben seine Quelle in Gott hat.
Wer könnte schon essen und trinken,
ohne Gott zu danken?
Dies nur als Beispiel.
Mir wurde klar:
Wer sich Gott öffnet und ihm das Herz hinhält,
der bekommt als Geschenk Einsicht, Erkenntnis,
Erfüllung und Sinn.
Wer aber Gott ausweicht,
geht innerlich leer aus,
müht sich ein Leben lang um immer mehr,
und dieses Mehr verliert sich im Wind der Zeit.

ALLES HAT SEINE ZEIT

Alles hat seine Zeit,
und jede Erfahrung hat ihren Augenblick.
Kinder bekommen hat seine Stunde,
und auch der Tod hat seine Zeit.
Saat und Ernte haben ihren eigenen Tag.
Die Augenblicke von Bedrohung und Angst
gehören zum Leben.
Heilen und Vergeben haben ihre Stunde.
In Minuten stürzt vieles ein,
Zeit braucht es, um aufzubauen.
Kostbar ist die Stunde des Weinens;
befreiend sind die Augenblicke des Lachens.
Es gibt auch Zeiten des Tanzens,
und Stunden gibt es, alles hinzuwerfen,
Augenblicke dagegen,
wo ich das Leben einsammeln möchte.
Jede Umarmung hat ihre Zeit,
aber auch die Erfahrung,
einander fremd zu sein.
Ich kenne Stunden des Suchens,
ich kenne auch Stunden gähnender Leere.
Es gibt Zeiten zum Behüten,
genauso auch Zeiten des Loslassens.
Schweigen hat seine Bedeutung,
es sind Stunden der Stille.
Reden hat seine Zeit.
Liebe und Haß – beides sind Erfahrungen,
die zum Leben gehören.

Ich frage nach Gott und kann den Sinn nicht erkennen.
Überzeugt bin ich,
daß seine ganze Schöpfung ein Netz von Wundern ist.
Im Grunde ist es die alte Schöpfungsmitgift
für den Menschen,
ein Mandat von Gott,
das durchaus zur Plage werden kann.
Aber der Schöpfer hat das Leben entworfen
mit Sinn und Hoffnung zu aller Zeit,
und er hat uns Menschen die Ewigkeit
in unser Herz gepflanzt wie eine Blume.
Eins können wir Menschen nicht:
Gott ins Tagebuch sehen, um zu verstehen,
was er vorhat seit Anfang der Zeiten bis zu ihrem Ende.

Mit diesen Einsichten konnte ich mich abfinden.
Ich beschloß, nach vorn zu sehen
in Freude und gutem Leben.
Denn wenn ein Mensch in Übereinstimmung
zwischen Vitalität und Spiritualität,
zwischen Lebensbejahung und Lebensvertiefung steht,
dann erlebt er wirklich das Geschenk Gottes.
Was Gott tut, das allein hat Dauer und Bestand.
Der Mensch kann daran nichts deuteln.
Diese Erkenntnis bringt mich zur Ehrfurcht vor Gott.
Es klingt wie Resignation, ist es aber nicht:
Was heute geschieht,
hat seine Vorläufe in der Vergangenheit,
und für die Zukunft hält Gott parat,
was in ihm schon immer war.

DIE KRAFT DER GEMEINSCHAFT

Ich habe mich in der weiten Welt umgesehen.
Ich habe die Bilder
ungezählter leidender Menschen vor Augen,
ohne Trost und ohne liebende Nähe.
Die Machthaber und Gewalttätigen
ließen niemand an die Opfer heran.
Da dachte ich: Tote haben es besser
als die, die noch Leben haben, ohne daß es Leben ist.
Vielleicht haben es die Ungeborenen noch besser.
Die Grundübel der Menschheit scheinen mir
Neid und Egoismus zu sein;
denn daraus wachsen alle Illusionen.
Bei so viel Verblendung und Dummheit
zerfrißt sich die Menschheit selbst.
Da sagte ich mir:
Besser ein kleiner Lebenskreis, eine Oase der Ruhe,
als daß man mit beiden Händen nach dem Nichts greift.
Noch ein anderes Beispiel:
Ich habe Menschen erlebt, die ohne Familie waren,
ohne Anhang, ohne Verwandtschaft.
Trotzdem haben sie geschafft und gerafft
mit einer mir unverständlichen Gier.
Was kommt denn dabei heraus,
wenn das eigene Leben leer bleibt?!
Viel besser ist es, wenn man zu zweit lebt.
Man ergänzt sich gegenseitig.
Ist einer schwach, wird ihm der andere zur Stütze.
Widerfährt dies dem Einsamen, findet er keine Hilfe.
Miteinander im Bett zu liegen, tut unendlich gut.
Wärme und Geborgenheit machen glücklich.
Man kann sich auch zu zweit
besser gegen Angriffe wehren.
Solche Verläßlichkeit hält wie ein dreifacher Knoten.

Und noch etwas habe ich erkannt:
Ein armes Kind mit gutem Herzen und lebendigem Verstand
ist mehr wert als ein alter, verkalkter Machthaber,
der noch nicht einmal in der Lage ist,
einen guten Rat anzunehmen.
Machtlust kann zum Gefängnis werden,
als hätte man der Seele Handschellen angelegt.
Schnell laufen dann die Menschen einem anderen nach,
der durch Güte und Offenheit
eine besondere Anziehungskraft hat.
Das kann sich schnell wieder ändern,
und die nachfolgende Generation ist in derselben Lage
wie ihre Vorgängerin.
All das zeigt deutlich,
wie flüchtig das Leben ist.

Ein guter Rat?
Hier ist er:
Gib auf deine Einstellung und Gesinnung acht,
wenn du zur Kirche gehst oder betest.
Frag nur nach Gott,
wenn du ihn wirklich wahrnehmen willst.
Wenn nicht, dann unterscheidest du dich nicht
von den Hartherzigen,
die nach ihren Spenden oder gar Opfern,
wie sie es nennen,
schon die nächste Bösartigkeit ersinnen.

VOM BETEN

Sei nicht vorlaut
und zügele deine Gefühle,
wenn du mit Gott redest.
Bedenke den unendlichen Abstand zwischen Gott und dir.
Zum Beten brauchst du nicht viele Worte.
Was du auf Krampf versuchst,
führt nur in wilde Phantasien.
Wer beim Beten zum Vielredner wird,
macht sich selbst zum Narren.
Wenn du Gott etwas versprichst,
dann sieh zu, daß du dein Versprechen hältst.
Gott hält nichts von leeren Gelübden.
Also löse dein Versprechen ein.
Sonst wäre es nämlich besser,
du versprichst erst gar nichts,
als daß du dein gegebenes Wort nicht einlöst.
Achte sorgfältig darauf,
daß deine schnelle Zunge dir nicht einen Streich spielt,
und sag hinterher nicht:
Verzeih, mein Gott, ich habe mich vertan.
Falsche Worte finden bei Gott kein Gehör,
und obendrein sind die Folgen für dein Leben vernichtend.
Wer sich Phantastereien verschreibt,
verrät dadurch nur Arroganz und Oberflächlichkeit.
Der Schlüssel zum Gebet
liegt in der Ehrfurcht vor Gott.

SO IST DIE WELT

Wenn du landauf, landab erkennst,
daß arme Menschen Unrecht erleiden
und Recht und Gerechtigkeit mißbraucht werden,
dann ist das keine Überraschung;
denn die Großen stehen immer zu den Großen,
und eine Krähe hackt der andern kein Auge aus.
Zukunft hat nur ein Mächtiger, der seine Macht
zugunsten des Landes und seiner Menschen einsetzt.

LEBENSGEFAHR UND LEBENSERFÜLLUNG

Wer sein Herz an Geld hängt, findet keine Lebenserfüllung.
Wer Reichtum liebt, hat letztlich nichts davon.
Das Sprichwort sagt:
Wo Aas ist, sammeln sich die Geier.
Geld stinkt eben doch,
und wer sich ihm verschreibt,
geht letzten Endes leer aus.
Sinnvolle Tätigkeit dagegen läßt ruhig schlafen.
Geldsäcke aber haben Angst und brauchen Tabletten.
Hier liegt die Ursache für das Böse in der Welt.
Reichtum zerstört auf Dauer den, der über ihn verfügt.
Auf solche Menschen lauern tausend Gefahren,
und eines Tages kommen sie darin um.
Ihre Kinder haben dann gar nichts.
Wie heißt es wieder in einem Sprichwort:
Das letzte Hemd hat keine Taschen.
Auf dem allerletzten Weg
kann man eben nichts mitnehmen.
Nackt kommt der Mensch zur Welt,
nackt verläßt er sie.
Worin sollte dann der Sinn liegen,
wenn der Mensch sinnlos rafft und anhäuft?
Angst und Einsamkeit, Hilflosigkeit und Enttäuschung
waren für solche Menschen die einzigen treuen Begleiter.
Die Erkenntnis, daß unser Leben befristet ist, ja oft nur kurz,
brachte mich zu der Einsicht, daß es gut ist,
für das Leben zu arbeiten (und nicht umgekehrt)
und den Alltag gut zu gestalten,
damit Mut und Hoffnung bleiben.
Gott breitet den wirklichen Reichtum des Lebens
vor uns aus.
Wenn wir seine Geschenke annehmen,
werden wir glücklich.
Dann zergrübeln wir uns auch nicht den Kopf
über die Kürze unseres Lebens,
sondern werden dankbar und heiter.

NEHMEN WIR EINMAL AN ...

Es gibt noch eine andere besondere Last
für den Menschen.
Nehmen wir an, da lebt einer gewissenhaft
aus und mit den Geschenken Gottes: Wohlstand,
Eigentum und Ansehen. Sein Leben ist erfüllt.
Aber er kommt nicht dazu, sich daran zu freuen,
weil es ihm ein anderer wegnimmt.
Das kann zur persönlichen Katastrophe werden.

NICHT NACH DEN STERNEN GREIFEN

Ein anderes Beispiel:
Nehmen wir an,
jemand hat eine große Nachkommenschaft,
viele Kinder und Enkel, eine gute, große Familie
und wird obendrein sehr, sehr alt ...
Nehmen wir aber an, dieser Mensch hat gar keinen Sinn,
um mit solchen Geschenken dankbar zu leben...
Wenn er dann schließlich nicht einmal ordentlich
beerdigt würde, also keine Erinnerung hinterließe...
Es wäre besser, er wäre gar nicht erst geboren.
Selbst wenn er zweitausend Jahre alt würde
und hätte sein Leben verfehlt...
Was soll's? Alles geht seinen irdischen Weg.
Es ist sogar kritisch zu fragen:
Was hat ein einsichtiger Mensch
dem Narren wirklich voraus?
Was hilft es am Ende dem geschundenen Menschen,
wenn er sich durch's Leben quält?
Entscheidend bleibt, stets das Naheliegende zu tun
und nicht nach den Sternen zu greifen.
Das wären nur Luftgespinste.

JE MEHR WORTE MAN VERLIERT...

Gestehen wir uns doch ein:
Alles in der Welt, die Dinge und die Kreaturen
sind lange vor uns benannt und gekennzeichnet.
Auch unser eigenes Leben hat seine eigene Bestimmung
und Gesetzmäßigkeit.
Es lohnt nicht, deswegen einen inneren Aufstand
zu machen gegenüber Mächtigen.
Je mehr Worte man darüber verliert,
je mehr Reden man schwingt,
desto mehr zeigt man nur die eigene Eitelkeit.
Was kommt schon dabei heraus?
Denn wer kann schon durchschauen,
was dem Leben wirklich dient?
Wer durchschaut schon die Rolle,
die der Mensch in seinem kurzen Leben zu spielen hat?
Oder wer verfügt über die prophetische Gabe,
sagen zu können,
was dermaleinst sein wird?

modigliani

EINSICHTEN AUS ERFAHRUNG

Ein guter Name ist mehr wert als alle Kosmetik.
Über dem Ende des Lebens liegt mehr Erfüllung
als über dem Tag der Geburt.
Du tust gut daran, mit Menschen zusammen zu sein,
die traurig sind. Du begegnest dort einer größeren Tiefe
als bei Menschen, die feiern.
Am Tod schließt sich der Kreis aller Beteiligten
und betrifft die Seele der Lebenden.
Deshalb geht die Trauer tiefer als das Gelächter.
Trauer reinigt die Seele.
Der aufrichtige Mensch bleibt mit seinem Herzen
bei den Trauernden.
Der oberflächliche Mensch bindet seine Gefühle
an Lustbarkeiten.
Es ist wichtiger für dich, wenn du von einem
aufrichtigen Menschen gemaßregelt wirst,
als wenn irgendein Bruder Leichtfuß
Lobeshymnen auf dich singt.
Denn wie Popcorn in der Pfanne lärmt und springt,
so ist das Gelächter der Narren nur leerer Lärm.
Weiter:
Unrecht Gut gedeihet nicht, sagt das Sprichwort.
Wer so lebt, macht sich selbst zum Popanz.
Korruption zerstört den Menschen.
Der Abschluß einer Angelegenheit nimmt sich zumeist
besser aus als ihr Anfang.
Wer in alldem Geduld zeigt,
ist besser dran als der Angeber.
Gebiete deinem Jähzorn Einhalt;
denn schneller Ärger wohnt im Herzen des Dummen.
Sag nicht immer: Früher war es besser.
Denn wer fragt, warum es heute so anders ist,
zeigt kein Verständnis.

KEINER KANN GOTT DURCHSCHAUEN

Wahrhaftige Lebenseinstellung,
gute Veranlagungen und sinnvolle Mitgift:
Das sind helfende Grundlagen.
Geld gibt nur Scheinsicherheit,
aber kluge Lebensart gibt Gewißheit
und bewahrt das Leben.
Zwischenruf:
Betrachte einmal intensiv
die wunderbare Schöpfung Gottes
in allen ihren Verästelungen:
Du, Mensch, kannst nicht eine einzige Winzigkeit
in ihrer Bestimmung verändern.

Bringt ein Tag dir Gutes,
dann nimm es an und sei froh.
Bringt ein Tag dir Schlimmes, dann bedenke:
Auch diesen Tag hat Gott gemacht.
Keiner kann Gott durchschauen,
und niemand kann in die Zukunft sehen.

EMPFEHLUNGEN AUS ERFAHRUNG

Ich habe wirklich viel gesehen
in der Zeit meines neugierigen und leichtsinnigen Lebens.
Da war ein gütiger Mensch.
Der zerbrach buchstäblich an seiner Güte.
Da war ein Schweinehund in jeder Hinsicht.
Der zerbrach überhaupt nicht, sondern lebte lange.
Mein Rat:
Übernimm dich nicht
mit Güte, Frömmigkeit und Nächstenliebe.
Du kannst dich selbst zerstören.
Lebe dein Leben aber vor allem nicht ohne Gott,
sei kein Narr und kein Dummkopf;
denn sonst vernichtest du dich selbst.
Es ist ein schmaler Weg.
Man kann zu beiden Seiten abstürzen.
Wer in Ehrfurcht vor Gott lebt, findet entscheidenden Halt.

EIN LEBEN MIT GOTT IN FREIHEIT

Lebendige Beziehung zu Gott
verleiht ungeheure Kraft,
die allen anderen Kräften überlegen ist.
Denn kein Mensch ist absolut gut und ohne Fehler.
Gott ist ihm immer überlegen.
Laß auch nicht alles in dich hinein,
was man dir flüstert.
Du mußt ja nicht unbedingt hören,
wie man über dich herzieht.
Mach dir klar, daß du dasselbe oft genug
auch mit anderen getan hast.
Ich habe das alles versucht.
Ich hatte beschlossen, mein Leben in Ordnung zu bringen
und in Ordnung zu halten.
Mir war alles so klar, aber es war gleichzeitig
so weit weg, so unendlich fern.
Wie kann man zu solcher Lebenseinstellung finden?
Ich habe nachgedacht, gegrübelt, gerungen, gesucht.
Ich wollte erkennen,
daß Gottlosigkeit zum Narren macht.

Verführung! Ja, das war's! Verführung durch Süßigkeit,
durch Sehnsucht, durch Verlangen.
Wer dem erliegt, ganz gleich in welchem Bereich,
der ist schlimmer dran, als wenn er stürbe.
Und klar wurde mir auch,
daß Verführung in Gefangenschaft endet,
ein Leben mit Gott aber in Freiheit.

Ich vertraue euch an:
Nur ganz wenige Menschen mit dieser Einstellung
habe ich angetroffen.
Grundsätzlich würde ich sagen:
Gott hat den Menschen zur Wahrheit geschaffen.
Aber der Mensch erfindet ständig Ausreden.

VON ERKENNTNIS STRAHLEN

Ein besonnener Mensch ist schon etwas Besonderes.
Er kann verstehen und Einsichten gewinnen.
Es tut gut, in solche hellen Augen zu sehen,
die von Erkenntnis strahlen.
Vor aggressiven und bösen Augen
bekommt man dagegen das Schaudern.

ZEITPUNKT UND ZEITRAUM

Achte und beachte die menschlichen Gesetze.
Aber sei nicht voreilig,
im Namen Gottes zu schwören.
Geh Gott und seiner Wahrheit lieber aus dem Weg,
bevor du dich für so groß hältst.
Der Staat hat ja schon so viel Macht,
daß du ihn kaum hinterfragen kannst.
In Gottes Geboten
liegt noch ungleich viel mehr Hoheit und Gewicht.
Wer das weiß, wird sich am Unrecht nicht beteiligen;
denn der wirklich Einsichtige
weiß um die eigene Begrenzung
und um das Gewicht der Verantwortung.
Alles was wir tun, hat seinen eigenen Augenblick,
seinen Zeitpunkt und seinen Zeitraum,
und die Folgen fallen auf den Menschen zurück,
so oder so.

Bei bösem Tun ist das ungeheuer belastend.
Niemand ist da, der die Prognose wagen könnte,
was sich aus Bösem ergibt oder wie die Folgen aussehen.
Denn kein Mensch
kann mit eigener Hand den Wind umdrehen;
kein Mensch
kann seine Sterbestunde im voraus bestimmen;
kein Mensch kann sich zwischen waffenstrotzenden Fronten
ein ruhiges Plätzchen reservieren.
Das Lästerliche gibt dem Lästerer keine Chance.
Ich rede nicht wie der Blinde von der Farbe:
Was ich erzähle, habe ich gesehen und erlebt
und voller Interesse verfolgt und durchdacht.
Meine Schlußfolgerung:
Der Mensch will den Menschen beherrschen,
einer den andern, und das macht beide unglücklich.

WÜRDE UND ERINNERUNG

Noch eine Notiz:
Ich bekam mit, wie Widerlinge und Gewissenlose
nach ihrem Tod feierlich begraben wurden
und einen Gedenkstein bekamen.
Ordentliche Menschen dagegen, Menschen,
die ihr Leben mit Sorgfalt und Zärtlichkeit geführt hatten,
bekamen keine Trauerfeier, keinen Gedenkstein.
Bald schon vergaß man sie;
für ihre Umgebung schienen sie wie ausradiert.
Nichts da: Im Tod sind alle gleich.
Ich empfand das als entwürdigend.

DIE GEHEIMNISSE GOTTES

Bei einigem Nachdenken kommt man
zu einem überraschenden Ergebnis:
Weil Gewissenlose nicht umgehend für ihre Untaten
bestraft werden, wächst die Bereitschaft bei Menschen,
noch mehr Böses zu tun.
Das mag richtig sein. Aber die andere Seite
ist für mich ungleich wesentlicher:
Ich bin davon überzeugt, daß der rechtschaffene
und besonnene Mensch, der sein Leben vor Gott führt,
eine gute und erfüllte Zukunft hat, selbst wenn ein anderer
hundertmal mehr auf dem Kerbholz hat und lange lebt.
Der Gewissenlose führt auf Dauer lediglich
ein Schattendasein, weil er ohne Ehrfurcht vor Gott ist.
Trotzdem erscheint vieles so ungerecht:
Da gibt es anständige Leute, denen es ergeht,
als hätten sie ein liederliches Leben geführt.
Und es gibt Übeltäter, denen alles gelingt,
als hätten sie Gottes Gnade gepachtet.
Das geht doch nicht mit rechten Dingen zu.
Im Stillen war ich eigentlich nur froh darüber,
daß Essen, Trinken und Freude am Leben
bleibenden Wert haben, solange wir sind.
Ich gab mir auch Mühe,
den Sinn zu erkennen,
warum Menschen Tag und Nacht vor Streß
kein Auge zubekommen.
Mehr und mehr begriff ich,
daß ich als Mensch die Geheimnisse Gottes
nicht durchschauen kann.
Je größer die Neugier, desto dichter das Schweigen.
Selbst wenn der klügste Kopf sagt:
Jetzt hab ich's,
berührt er doch bestenfalls den Saum.

HOFFNUNG, SOLANGE WIR LEBEN

Ich habe das alles verinnerlicht;
ich wollte auch den Ursachen auf die Spur kommen.
Ich fand heraus:
Gewissenhafte und ehrfürchtige Menschen
sind in Gott geborgen.
Aber die Widersprüche im Leben,
Liebe und Haß zum Beispiel,
stecken tief in uns drin wie eherne Gesetze.
Von Gerechtigkeit kann man dabei nicht sprechen:
Schlimmes geschieht dem Guten,
Gutes widerfährt dem Bösen,
Nachteile hat der Fromme,
Vorteile hat der Lästerer.
Kein Unterschied ist zwischen dem,
der sich der Wahrheit verpflichtet,
und dem, der sie leugnet.
Im Grunde ist das der ganze Jammer der Welt,
daß da kein Unterschied zu finden ist.
Und obendrein ist das menschliche Herz
die Brutstätte für das Arge.
Am Ende steht für alle der Tod.
Ein bleibendes Signal haben wir,
solange wir leben: die Hoffnung.

Daher gilt: besser schwach und lebendig
als stark und tot.
Solange wir leben, wissen wir um unser Ende
und gestalten unser Leben danach.
Tote können das nicht.
Bald schon sind sie vergessen.
Was sie fühlten, was sie dachten, was sie suchten
in Liebe und Haß, ist mit ihnen gestorben.
Deshalb: Sag ja zu deinem Alltag!
Brot und Wein sind gute Gefährten. Gott gefällt das.
Halte auf Reinlichkeit und mach dich schön.
Freu dich am Leben zusammen mit dem Partner,
den du liebst.
Das ist wichtig für die kleine Frist,
die dir bemessen ist als Leihgabe des Schöpfers.
Das ist deine Lebensaufgabe
im weiten Feld der Welt.
Was du mit deinen Kräften bewältigen kannst,
das greif auch auf und tu es.
Denn bei den Toten gibt es das alles nicht.
Es gibt weder Nachdenken noch Einsichten,
es gibt kein Bewußtsein, keine Helligkeit.

DAS IST DER LAUF DER WELT

Das ist der Lauf der Welt:
Es reicht nicht, wenn ein Läufer schnell ist.
Es reicht nicht, wenn ein Kämpfer stark ist.
Es reicht nicht, wenn der Mensch nur tüchtig ist.
Es reicht nicht, wenn der Reiche klug ist.
Es reicht nicht,
wenn jemand sich durch Können auszeichnet.
Das Wesen des Lebens besteht in Zeiträumen
und Geschenken.
Wir Menschen verstehen das zumeist nicht
und lassen uns fangen, wie Tiere sich fangen lassen.
Wir lassen uns verstricken ins Böse.
Das ist der Lauf der Welt.
Ich denke da an eine kleine Geschichte:
Eine Stadt mit wenigen Verteidigern
wurde von einem mächtigen Feind belagert.
Man baute Barrikaden.
In der Stadt wohnte ein Mann, der über große Erfahrung
und tiefe Lebenseinsicht verfügte.
Er hatte auch die rettende Idee.
Aber keiner wollte von diesem Mann etwas wissen,
weil er arm und klein war.
Da sagte ich mir:
Tiefe Klugheit ist sicher besser als alle Macht.
Aber ein unbedeutender Mensch wird nicht gefragt.
Auf seinen Rat hört niemand.
Dabei wäre es doch so leicht:
in Gelassenheit die Ansicht eines Weisen anzuhören,
um sie zu verwirklichen.
Das wäre doch besser als alles Gebrüll der Starken
gegenüber den Dummen.
Ehrfürchtige Lebenseinstellung ist besser als alle
Bewaffnung. Aber ein Arglistiger kann alles verderben.

SELBST IM VERGLEICH MIT ANDEREN

Maden verderben den besten Käse.
Schon eine kleine Portion böser Dummheit
kann dem Gewissenhaften und seinem Ruf
schwer schaden.
Ein guter Mensch hat sein Herz auf dem rechten Fleck.
Ein arglistiger Mensch verrät sein eigenes Herz.
Selbst im Vergleich mit anderen
wird der Dummkopf sich selbst nicht erkennen,
sondern immer die anderen
für die Narren und Schuldigen halten.
Gegen die Aggression von Stärkeren solltest du dich
am besten in den eigenen vier Wänden verbergen.
Mit viel Geduld
kannst du dem Konflikt aus dem Wege gehen.
So ist eben die Gesellschaft, wie ich sie erlebt habe:
Wer in Macht badet, verliert den Überblick.
Da bekommen arge Zeitgenossen Orden und Ämter,
und die wirklich Reichen leben ganz unten.
Nichtsnutze fahren große Wagen,
und Menschen mit innerem Adel nehmen den Esel.

EIN PAAR SÄTZE FÜR DAS POESIEALBUM

Wer andern eine Falle stellt, fängt sich meistens selbst.
Wer andern etwas zerstört, zerstört sich meistens selbst.
Wer Gewalt anwendet, verwundet sich meistens selbst.
Wer Zwiespalt sät, kommt im Konflikt um.
Wie ein stumpfes Messer mehr Kraft erfordert,
so geht es auch der menschlichen Vernunft.
Ein geschliffenes Gewissen dagegen
verhilft zu guten Entscheidungen.
Die menschliche Sprache
ist wie ein Spiel mit der Schlange.
Der Böse vergiftet sich selbst am falschen Wort;
der weise Mensch
gewinnt durch das gute Wort Anerkennung.
Das Wort des Dummen birgt von Anfang an das Gift;
am Ende steht solch ein Mensch lächerlich da.
Obendrein macht er viele Worte,
ohne ihren Sinn zu überblicken.
Außerdem läßt er sich von niemandem raten.

WORTE, ALS WÄREN SIE VÖGEL

Schlimm steht es um eine Nation,
deren Regierung nur herumspielt
und deren Mandatsträger auf allen Ebenen
schon morgens am kalten Büffet stehen
und bei starken Getränken hohle Reden führen.
Zukunft dagegen hat ein Volk,
dessen Regierungsmitglieder aufrichtige
und verantwortungsvolle Menschen sind,
die es sich erst nach getaner Arbeit gemütlich machen,
aber eben nicht bei wilden Gelagen.
Ein Volk ist wie ein Haus:
Wo träge Menschen regieren,
knistert es bald im Gebälk,
und die Lebensräume setzen Schimmel an
oder zerfallen ganz und gar.
Feste und Feiern sollte man nur halten,
wenn der Anlaß es gebietet und die Zeit es erlaubt.
Auch erst dann, wenn man es vor den Finanzmitteln
verantworten kann.
Trotzdem: Sei vorsichtig,
wenn du die Machthaber öffentlich oder heimlich kritisierst.
Um dich herum gibt es tausend Ohren,
und manche deiner Worte bekommen Flügel,
als wären sie Vögel.

DAS MACHT DAS LEBEN HELL

Sei großzügig und gütig,
gib ab von dem, was du hast.
Irgendwann fällt ein gutes Echo auf dich zurück.
Teile mit vollen Händen aus.
In schlimmen Zeiten wirst du vollends erkennen,
wie wichtig teilende Liebe ist.
Es ist wie in der Natur:
Volle Wolken regnen sich aus.
Wir Menschen sind beweglich.
Ein Baum ist das nicht. Wenn der fällt,
bleibt er an Ort und Stelle liegen.
Zögere auch nicht zu lange.
Sonst ergeht es dir wie einem Bauern,
der ständig nur die Windrichtung untersucht.
Er kommt gar nicht mehr zur Aussaat.
Und wer späterhin immer nur
nach dem Wetter Ausschau hält,
kommt gar nicht mehr zum Ernten.
Du weißt nie im voraus, wie und wann der Wind sich dreht.
Du kennst auch nicht im entferntesten
die Geheimnisse des Lebens und seiner Herkunft.
Du kannst eben Gott nicht über die Schulter schauen,
um zu erkennen, was er tut.
Du mußt dein Leben riskieren von morgens bis abends
und deine Worte und Taten säen,
ohne vorher zu wissen, was sie dir eintragen.
Das macht das Leben hell, und du wirst dich freuen,
ein Mensch zu sein.
Licht und Schatten, beides gehört zum Leben.
Es wäre völlig umsonst,
die Zukunft im voraus erkennen zu wollen.

EINSICHTEN FÜR JUNGE LEUTE

Eines würde ich gern
der jungen Generation ans Herz legen:
Wer jung ist,
sollte sich am Leben freuen
und den Alltag
bejahen mit Humor und Hoffnung.
Wer jung ist,
sollte sich auch Träume und Sehnsüchte erfüllen.
Bei alledem aber bedenkt:
Jeder muß sein Leben vor Gott verantworten.
Wer jung ist,
sollte Mißstimmungen und Zorn vermeiden,
vermeiden auch alles, was das Leben
und die Gesundheit zerstört.
Denn junge Jahre gehen schnell vorbei.

DAS SOLLTEN JUNGE LEUTE WISSEN

Leb auf Rufweite mit Gott, deinem Schöpfer,
schon wenn du noch jung bist,
bevor du alt wirst und eines Tages sagst:
Mein Leben gefällt mir nicht mehr.
Denn die Zeit kommt, wo die Augen trüb werden,
als würden sich die Gestirne verdunkeln.
Wenn das Gehen schwerfällt,
als würden die Fundamente eines
Hauses ins Wanken geraten.
Wenn die Zähne weniger werden
und du ein Gebiß brauchst;
als würde eine Mühle zum Stillstand kommen.
Und wenn, wie gesagt,
die Augen nicht mehr so recht wollen
und du dich durch die Welt tasten mußt.
Wo die Ohren nicht mehr alles wahrnehmen,
als würden sich Türen langsam schließen.
Wo die Stimme plötzlich nicht mehr tragfähig ist,
als würden Vogelstimmen verstummen.
Wo man kurzatmig wird,
wenn eine Steigung zu bewältigen ist.
Wo der Schopf weiß wird und die Ernte des Lebens da ist.
Denn der Mensch stirbt in die Ewigkeit hinein.
Was bleibt, sind die Tränen der Vertrauten.
Denn die Zeit kommt,
wo der Lebensfaden zerreißt,
wo das Herz stillsteht,
als würde eine goldene Schale zerbrechen,
wo der Lebensweg an sein Ende gekommen ist,
als wäre das Leben ein Schöpfgefäß,
das an der Quelle leer bleibt.
Wo der Ablauf des Lebens zum Stillstand kommt,
als würde das Schöpfrad in den Brunnen fallen.
Das Vergängliche vergeht.
Aber das Wesen des Menschen stirbt in Gott hinein.
Von ihm kam es ja auch.

ÜBER DEN PREDIGER

Der Prediger war in der Tat ein Weiser,
ein Gewissenhafter, ein Aufrichtiger, ein Suchender
und ein Verantwortlicher.
Er vermittelte den Menschen tragfähige Einsichten,
die dem Leben dienen.
Er überdachte, überprüfte und entwarf
ungezählte Lebensweisheiten in poetischer Form.
Er hatte sich vorgenommen,
ausgewogen und wohltuend zu schreiben.
Bei diesem Vorhaben gelang es ihm,
Wahrheit und Wahrhaftigkeit zu deuten.
Solche Einsichten der Wahrhaftigkeit werden dann
zu scharfen Spitzen und Herausforderungen,
zu Stanzwerkzeugen, die ihre Wirkung haben.
Wahrheit hat immer nur *eine* Quelle: Gott.
Nicht jeder sollte sich an solche Arbeit setzen,
denn sie ist anstrengend und langwierig,
und wir haben sowieso schon zu viele Büchermacher.

Zusammenfassend läßt sich sagen:
Bewahre Ehrfurcht vor Gott und lebe nach seinen Geboten.
Denn was Gott will, richtet sich an die ganze Menschheit.
Alles, auch das Verborgene, kommt eines Tages
an die Oberfläche und ans Licht
und muß sich der Prüfung Gottes stellen,
beides: das Gute und das Böse.

Zweiter Teil

Glaube und Alltag

Das Buch Jesus Sirach

JESUS SIRACH

Ein Buch, ein berühmtes Buch, das als „Buch der Kirche" galt: In bunter Folge prall angefüllt mit gesammelter Erfahrung von Glaube und Leben.
Ein Buch, das man zur Weisheitsliteratur zählt. Und Weisheit – das ist Inbegriff von Ehrfurcht, Ausdruck von religiöser Ethik und Verantwortung.
Weisheit bedeutet Staunen vor der Schöpfung und ihren Wundern, bedeutet auch Lebenskunst und Alltagspraxis.
Weisheit ist Gottes Wirkung und Menschenliebe.
Weisheit setzt Maßstäbe, vermittelt Sinn und Hoffnung und bietet grundlegende Orientierung.
Weisheit ist zum Verlieben schön und macht Freude.
Weisheit verleiht Obhut und Geborgenheit.

Dieses Buch wurde 117 vor Christus geschrieben von Jesus ben-Eleasar ben-Sirach.
Als junger Mann nimmt der Autor das Werk seines Großvaters mit nach Ägypten. Er kommt von Palästina. In der Zeit herrscht Euergetes II. am Nil. Für die dort lebenden Israeliten übersetzt Jesus Sirach das Werk ins Griechische. Er verbindet damit die Hoffnung, seinen Menschen in der Diaspora helfen zu können. In einer Einleitung bittet er um Verständnis, wenn seine Übersetzung möglicherweise nicht in allen Einzelheiten gelungen sein sollte.
Er ermuntert andere, an der Weisheit weiter zu schreiben.
Sein Buch umfaßt Sprüche und Erkenntnisse, Hymnen und Gebete, Mahnungen und Warnungen, Gedichte und Lieder, Tradition und Prophetie, Kultur und Bildung, Pädagogik und Alltagsbewältigung.
In diesem Reichtum lag für mich der Reiz, das 2100 Jahre alte Buch zu übertragen und in unsere Zeit hinein zu sprechen.
Verantwortung und Freiheit, Glaube und Wahrhaftigkeit – Stichworte für eine literarische Entdeckungsreise von Menschen, die sinnvolle Zukunft suchen.

VORREDE

In den alten Schriften liegt Erhebliches und überaus Wertvolles. Man muß dem Volk Israel ausdrücklich danken dafür, daß uns soviel Erkenntnis und bleibende Einsicht vermittelt wird. Wer sich darin vertieft, soll diese inneren Schätze nicht für sich behalten, sondern anderen zugänglich machen und durch ihre Weitergabe dem Leben dienen, vor allem für die, die dies aus eigener Kraft nicht können.
Mein Großvater hat sich dem Studium der alten Quellen gewidmet, hat dabei seinen Horizont erweitert und tiefe Erkenntnisse gewonnen.
Dann hat er den Entschluß gefaßt, seine Erfahrung von einem ehrfürchtigen und verantwortlichen Leben schriftlich weiterzugeben.
Sein Ziel war: Menschen, die in der Verantwortung vor Gott leben, sollen schriftlich dafür Sorge tragen, daß ihre Wahrnehmungen anderen zugute kommen.
Deshalb bitte ich meine Leser, mein Buch mit Wohlwollen zu lesen und mir zu vergeben, wenn da und dort ein Ausdruck nicht zutreffend erscheint. Bei aller Sorgfalt des Dolmetschens kann das durchaus geschehen.
Denn meistens geht der Originalton und das Klima einer Sprache teilweise verloren, wenn man sie übersetzt.
Gerade die klassischen Texte, wie etwa die Gebote oder die Propheten, haben einen eigenen und anderen Klang in der Ursprache.
In Ägypten entstand in mir der Entschluß, dieses Buch ins Griechische zu übertragen, schon deswegen, weil ich in einem Land der geistigen Auseinandersetzung lebte.
Die Arbeit hat mich manch schlaflose Nacht gekostet, bis das Buch fertig und vervielfältigt war. Es sollte ja in die Hände und Herzen von Menschen geraten, die geographisch und innerlich im Ausland sind und das Herzstück des Glaubens in seiner Bedeutung für das praktische Leben kennenlernen wollen.

MOTIVATION ZUM LEBEN

Alle Glaubens- und Lebenserkenntnis hat in Gott ihre
Quelle. Er allein ist Autorität.
In ihm ruht und von ihm kommt alle Weisheit.
Gibt es auch nur einen Menschen,
der die Sandkörner des Meeresbodens gezählt hat?
Oder einen, der wüßte, aus wie vielen Tropfen
der Regen besteht?
Oder gibt es jemanden, der die Tage aller Weltalter
nennen könnte?
Was ist Himmel? Und wie hoch ist er wirklich?
Was bedeutet die Erde im Universum?
Wer überschaut schon die Tiefen aller Meere?
Das alles ist in Gott und bei ihm gut aufgehoben.
Er allein in seiner Größe, in seiner Schöpferkraft
und Übersicht ist vor allem, in allem, über allem
und nach allem.
Ich nenne das Ewigkeit.
Gottes Ja zum Leben ist der Ursprung
des ehrfürchtigen Lebens.
Seine Schöpferkraft verästelt sich in alle Lebensbereiche
hinein bis in die bleibenden Gebote.
Wäre überhaupt etwas anderes denkbar?
Wäre etwas anderes glaubbar?
Doch nur der Gott, vor dem alles offenliegt.
Ich wiederhole: Er allein ist die Autorität des Lebens,
sein Geber, sein Wegbereiter, sein Urimpuls,
ihm gebührt alle Macht; er ist der,
dem wir Verantwortung schulden und Rechenschaft.
Das kann sehr kritisch sein.
Aus ihm kommt alle liebende Kraft,
in ihm ruht das Einzelne wie das Ganze.
Er hat die Motivation zum Leben
in seine Schöpfung gespeist
und dem Menschen als Mitgift verliehen.
Wer Gott liebt, wird das erkennen.

EHRFURCHT IST DER BESTE GOTTESDIENST

Ehrfurcht vor Gott ist für den Menschen
Erfüllung und Sinn des Lebens
und macht den Alltag schön.
Ehrfurcht vor Gott verleiht Gelassenheit und Heiterkeit
und gibt dem Leben Fundament bis ins Alter.
Wer so lebt, erfährt Geborgenheit
und spürt am Ende seiner Zeit, daß dieser Glaube trägt.
Die Liebe zu Gott ist eine wunderbare Lebenseinstellung.
Wer das versteht, wird daran festhalten,
weil er begreift, welche Wunder er erlebt.
Ehrfurcht vor Gott ist die Keimzelle
eines verantwortlichen Lebens.
Es entfaltet sich mitten im Leben des Glaubenden.
Dafür gibt es Vorbilder bei Frauen und Männern.
Ehrfurcht vor Gott ist der beste Gottesdienst,
der Obhut verleiht, die Hoffnung stärkt
und Heiterkeit und Glück bewirkt.
Ehrfurcht vor Gott führt zu Selbstbewußtsein
und zu dankbarer Demut am Ende des Lebens.
Ehrfurcht vor Gott,
das bedeutet reiche und gute Erfahrung
und vor allem Lebenserfüllung.
Die ganze Familie hat teil daran,
innere und äußere Vorräte wachsen.
Ehrfurcht vor Gott ist wie eine Leuchtschrift
über dem Leben.
Das verleiht Halt und Sinn.
Ehrfürchtiges und verantwortliches Leben
macht Menschen vernünftig und besonnen.
Wer solcher Lebenseinstellung treu bleibt,
findet viel Anerkennung vor Gott und den Menschen.
Ehrfurcht vor Gott ist die Quelle des sinnvollen Lebens
und trägt bis ins hohe Alter hinein.
Solche Ehrfurcht ist der beste Schutz
gegen Unrecht und Angst.
Wer diesen Anker ausschlägt, bringt sein eigenes Leben
in Gefahr, weil es keinen Bestand vor Gott hat.

Nur der geduldige Mensch weiß,
daß ein gutes Leben am Ende seine Erfüllung findet.
Solch ein Mensch kann auch zuhören und schweigen,
bis der Augenblick da ist,
wo er seinen fundierten Beitrag leistet
und anderen Menschen dadurch zeigt,
was Ehrfurcht vor Gott im Alltag bedeutet.

GLAUBE UND DENKEN, REDEN UND TUN

Aus der göttlichen Quelle gewinnt der Mensch
eine klare und redliche Sprache.
Vor dieser klaren und redlichen Sprache
schrecken die Leugner zurück.
Mein Freund, wenn du zu solchen Erkenntnissen
vordringen willst,
dann orientiere dich an den heiligen Weisungen.
Du wirst spüren, wie Gott dich in den Sinn des Lebens führt.
Denn die Ehrfurcht vor Gott führt zu Offenheit und Bindung.
Wer daran festhält, macht Gott Freude.
Erfinde ja keine Ausreden,
wenn es um diese grundsätzliche Bindung geht.
Sei aufrichtig, so daß Glaube und Denken,
Reden und Tun übereinstimmen.
Schiele nicht nach falscher Anerkennung bei andern
Menschen, indem du nicht bist, was du vorgibst zu sein.
Sei nicht überheblich, denn wer sich überhebt, stürzt tief.
In demselben Augenblick
wird deine unheilige Maskerade öffentlich,
und du blamierst dich bis auf die Knochen
vor Gott und den Menschen.
Dein Leben bricht in der Mitte auseinander,
weil du die Ehrfurcht vor Gott verraten hast
und deine Seele voller Lüge war.

BLEIB AUF RUFWEITE ZU GOTT

Mein Freund,
wenn du im beschriebenen Sinn
ein Leben mit Gott führen willst,
dann sei auf Herausforderungen und Versuchungen gefaßt.
Sammle daher innere Kraft und Widerstandsfähigkeit
für den Augenblick, in dem es darauf ankommt.
Bleib auf Rufweite zu Gott und wahre deinen Standpunkt.
Dann wird sich dein Leben erfüllen.
Steh zu allem, was du erlebst
und zeige dabei einen langen Atem,
selbst wenn Menschen dich erniedrigen wollen.
So wie Gold durch Hitze gereinigt wird,
so reift der Mensch an schweren Erlebnissen.
Schenke Gott dein Herz, und du wirst Geborgenheit erfahren.
Halte vor allem deine Lebensrichtung
und bleib stets offen für Gott.
Alle, die in Ehrfurcht vor Gott leben und ihm sein Herz
schenken, werden Erfüllung finden.
Solche Menschen leben sich in Gottes Hand hinein,
weil sie alles Gute von ihm erbitten
und über alle Zeiten hinaus davon überzeugt sind,
daß der Mensch einst bei Gott ankommt.
Diese Menschen sehnen sich nach Sinn und Erfüllung in
Zeit und Ewigkeit und lassen sich nicht beirren.
Denn sonst wäre das Leben abgrundtief leer.
Mein Freund, ein Blick in die Geschichte genügt:
Gott hat keinen enttäuscht, der ihm sein Herz schenkte,
ganz gleich, was im Leben geschah.
Gott hat niemanden übersehen, der ihn liebt.
Gott hat niemanden überhört, der zu ihm betete.
Es war höchstens umgekehrt.
Gott liebt und kommt entgegen, er schenkt das Klima
des Friedens und der Nähe. Er hilft zwar nicht aus der Not,
aber er hilft in der Not.

Arm dran sind die Menschen, die sich von Gott lossagen.
Arm dran sind die Zweifler, die nicht wissen,
wohin sie gehören.
Arm dran sind auch die Geängstigten,
sie haben den Kontakt zu Gott verloren
und spüren nicht seine Obhut.
Arm dran sind auch die,
die den langen Atem nicht mehr kennen.
Sie können nicht reagieren, wenn Gott sie überrascht.
Wer aber in Ehrfurcht vor Gott lebt und bleibt,
setzt auch sein Vertrauen auf seine Worte und Weisungen.
Wer in dieser Ehrfurcht lebt, verliert das Ziel
des Lebens nicht aus den Augen.
Wer sich dafür entscheidet, gewinnt Lebenskompetenz
und ist begeistert von der Kraft der alten Gebote.
Menschen in Ehrfurcht vor Gott
öffnen ihre Seele und beten:
Gern bin ich in deiner Hand
und unter deinen Augen, mein Gott.
Bei Menschen finde ich diese Geborgenheit nicht;
denn deine Liebe ist wie du: unendlich.

LEBENSSINN FÜR KINDER

Ich wende mich an die Kinder:
Hört auf die guten Ratschläge eurer Eltern.
Richtet euch danach, so gut ihr könnt.
Ihr werdet es nicht bereuen.
Gott freut sich über Kinder, die ihre Eltern ehren.
Kinder können sogar Fehler korrigieren,
wenn sie ihre Eltern lieben.
Wer seine Eltern in Ehren hält, wird innerlich überaus reich.
Wer weiß, daß er sich seinen Eltern verdankt,
wird sich später auch über eigene Kinder dankbar freuen.
Solchen Menschen hört Gott gern zu.
Das Leben bekommt ganz andere Dimensionen
durch die Ehrung der Eltern
und gibt den Großeltern Lebensmut.
Wer Gott liebt,
widmet auch viel Zeit und Kraft seinen Eltern.
Danke deinen Eltern durch deine Taten,
rede mit ihnen und sei nachsichtig.
Dann wird dich der elterliche Segen umhüllen
wie ein Mantel in der Kälte,
du wirst darin auch Gottes Nähe spüren,
und mit diesem Segen wirst du dein eigenes Leben bauen,
deine eigenen vier Wände schaffen.
Wenn deine Eltern dich verachten müssen,
obwohl sie dich lieben, gehst du zugrunde.
Mach dir keinen Namen, und blas dich nicht auf
zu Lasten deiner Eltern. Sonst erntest du das Gegenteil.
Eltern Dank widmen –
das fällt positiv auf dich zurück.
Eltern kaltstellen –
das wirft ein einziges schlechtes Licht auf dich.
Kümmert euch um eure alten Eltern
und macht ihnen keinen Kummer, solange sie leben.
Verletzt sie nicht.
Seid nachsichtig mit ihnen,
selbst wenn sie sich benehmen wie kleine Kinder.
Seht nicht auf sie herab im Bewußtsein eurer Gesundheit.

Was du deinen Eltern an Aufmerksamkeit und Fürsorge
zukommen läßt, ist für dich ein unverlierbarer Schatz,
der dir sogar hilft, wenn du mit deinen eigenen Schwächen
auf Hilfe oder Vergebung angewiesen bist.
Wenn du einmal ganz unten bist, dann wird man sich
an dein Gutes erinnern, und dein Versagen wird zu Nichts
wie Eis vor der Sonne.
Wer dagegen seine Eltern im Stich läßt oder verrät,
der läßt Gott im Stich.
Wer seine Eltern im Innersten verletzt, der bekommt es
– kindlich gesprochen – mit Gott zu tun.

SAG JA ZU DEINEM LEBEN

Ihr Kinder, macht eure Schularbeit, eure Ausbildung und
überhaupt alles, was ihr übernommen habt, mit Demut.
Dieses alte Wort hat viele Bedeutungen:
nicht größer sein wollen, als man ist; dankbar sein;
kleine Schritte tun; eins nach dem andern.
Diese Einstellung ist wertvoller
als all die verlockenden Angebote der großen Welt.
Je mehr aus dir wird,
desto mehr mußt du diese Einstellung bewahren.
Gott wird dich darin begleiten.
Denn wirklich groß ist nur Gott.
Das erkennen nur die Menschen, die bescheiden bleiben.
Strebe nicht nach dem, was du nicht erreichen kannst,
weil deine Grenzen es nicht zulassen.
Versteig dich nicht in Grübeleien über Dinge,
für die dein Verstand zu klein ist.
Sag ja zu deinem Leben, wie Gott es dir geschenkt
und geliehen hat, das mach dir jeden Tag neu klar.
Es kommt überhaupt nichts dabei heraus,
wenn du seine ganze Schöpfung durchschauen willst.
Halt dich heraus aus Dingen, die nicht für dich gedacht sind.
Im Grunde bekommst du sowieso schon viel mehr zu sehen,
als für dich gut ist.
Viele Menschen sind an ihrer Neugier gescheitert.
Viele haben sich mit wilden Ideen selbst zerstört.

WARNUNGEN

Wer tollkühn sein Leben riskiert, wird es verlieren.
Wer mit dem Kopf durch die Wand will,
bringt sich selbst um.
Ein Dummkopf steht sich selbst im Wege.
Wer Mist baut, macht den Misthaufen größer.
Wer die Nase hoch trägt, erntet nichts Gutes.
Hochnäsigkeit hat schlimme Folgen.
Wer aber nachdenkt, der gewinnt Einsicht in Gottes Willen.
Wer diese Erkenntnis liebt, wird ein geduldiger Zuhörer.
Mit Wasser löscht man einen Brand.
Mit Güte und Liebe heilt man die quälenden Schwächen.
Ein Leben in Liebe findet sein Echo bei Gott,
der alles Leben in Händen hält.
Ein guter Mensch wird von Gott aufgefangen
wie von einem Netz der Vergebung.

GOTT HÖRT GENAU HIN

Mein Freund,
zeig eine offene Hand gegenüber dem Mittellosen;
wende dich nicht ab von dem, der deine Hilfe braucht.
Pflege keine Vorurteile gegenüber denen,
die kaum zu essen haben.
Fühle dich nicht besser als jene, die nichts haben.
Triffst du einen traurigen Menschen,
dann beleidige ihn nicht noch obendrein.
Kennst du jemanden, der dringend Hilfe braucht,
dann laß ihn nicht lange warten.
Wenn dich „ein armes Schwein" anfleht,
dann laß ihn nicht leer ausgehen.
Wenn ein Bedürftiger dich um Hilfe bittet,
dann geh nicht einfach weiter.
Wer wirklich bittet, der braucht dich. Sieh nicht weg.
Sonst verfolgt dich seine Enttäuschung wie ein Bannstrahl.
Gott hört genau hin, wenn ein enttäuschter Armer
den Hartherzigen verwünscht.
Sieh zu, daß die Leute in der Gemeinde dich mögen.
Wenn du einem einflußreichen Menschen begegnest,
dann halte Abstand.
Aber wenn du einen Bedürftigen triffst,
dann erwidere freundlich seinen Gruß.
Setz dich ein für einen Menschen, dem man Unrecht tut.
Beziehe Position gegenüber dem, der das Unrecht tut.
Zeig Zivilcourage, wenn du dazu Stellung nehmen sollst.
Kümmere dich um Kinder, die keine Eltern haben.
Sei ihnen Mutter und Vater zugleich.
Gott wird dich dafür anerkennen und lieben wie ein Kind,
mehr noch, als eine Mutter es kann.

GOTT LIEBT DEN, DER EHRFURCHT ZEIGT

Ein ehrfürchtiges Leben macht seine Menschen
stark und immun, es sagt allen, die es ehrlich meinen:
herzlich willkommen!
Wer die Wahrhaftigkeit vor Gott liebt,
der umarmt auch das Leben
und sagt ja zum Leben mit großer Dankbarkeit.
Wer zu diesem lebendigen Glauben steht,
wird viel Echo finden, und wo er hingeht,
wird Gottes Segen ihn begleiten.
Wer sich dem ehrfürchtigen Leben widmet,
widmet sich Gott, und Gott liebt den, der Ehrfurcht zeigt.
Wer sein Leben vor Gott verantwortet,
wird Macht verwalten können.
Wer so lebt, kann ruhig schlafen.
Wer sich in diese Weisheit hineinlebt,
wird sie auch erleben, und sie wird zum Erbe
für die nachfolgenden Generationen.
Manches verwirrt anfangs,
manches wirkt fremd, streng, wie eine einzige Forderung.
Es dauert natürlich, bis Gott Zutrauen faßt.
Aber dann wird sich die Weisheit dem Menschen ganz
erschließen, wird ihn freuen, ohne noch Geheimnis zu sein.
Verläßt aber der Mensch dieses Fundament,
dann wird ihn das Geschenk Gottes auch verlassen.
Dann verliert das Leben seinen Sinn.

TRITT FÜR DIE WAHRHEIT EIN

Mein Freund,
tu nichts im falschen Augenblick.
Vor allem: Mach mit Übeltätern keine gemeinsame Sache.
Verrate die Wahrheit nicht aus falscher Scheu.
Beides gibt es allerdings:
Ich kann mich zurückhalten
und dadurch das Ja Gottes verlieren.
Oder ich kann mich zurückhalten und dabei die Nähe
und das Wohlwollen Gottes spüren.
Begegne anderen Menschen ohne Vorurteile;
das ist wichtig, wenn du ohne Scham
in den Spiegel sehen willst.
Laß immer Recht Recht bleiben
und weiche keinen Millimeter von diesem Weg.
Sprich aus, was du denkst, und rede mit,
wenn du einen Menschen damit stützen kannst.
Im guten Wort findet die Wahrhaftigkeit ihren Ausdruck
und gewährt dem Anderen sinnvollen Einblick.
Wenn du erkennst, daß du dich verrannt hast,
dann wehre dich nicht gegen die Wahrheit.
Ertrage ruhig das mögliche Gelächter.
Hab keine Scheu, zu deinen Fehlern zu stehen.
Alles andere wäre wie der Versuch,
einen Flußlauf aufhalten zu wollen.
Werde nicht zum Wasserträger für törichte Leute,
und mache deine Entscheidungen nicht abhängig
vom Machteinfluß anderer Menschen.
Tritt für die Wahrheit ein bis an das Ende deines Lebens.
Gott wird dich umgeben und halten.
Es gibt Menschen, die viele gewaltige Worte machen.
Sie sitzen aber faul im Sessel und tun nichts.
Du mußt dich von ihnen unterscheiden.
Und zu Haus? Brülle nicht in deiner Familie herum,
und benimm dich nicht wie ein wilder Stier.
Sei zurückhaltend, bevor du etwas nimmst,
aber sei spontan, wenn du etwas geben willst.

DAS KLIMA DER NÄHE GOTTES

Bau dein Leben nicht auf angesammeltem Besitz.
Der Gedanke ist gefährlich,
sich auf dem Erworbenen ausruhen zu wollen.
Die Versuchung ist groß, sich in Sicherheit zu wähnen.
Gib dieser Verlockung nicht nach.
Wenn sich erst das Gefühl einschleicht, daß nichts
und niemand dir deinen Besitz streitig machen kann,
dann stürzt dich diese Selbstüberschätzung
alsbald ins Unglück.
Vielleicht berufst du dich sogar auf Gottes Langmut.
Laß es mich einfach sagen:
Gott mag diese Lebenseinstellung nicht.
Gott läßt sich nicht verrechnen,
seine vergebende Liebe ebenfalls nicht.
Du kannst zwar deine Verirrungen anhäufen
und aufspeichern, aber du kannst die Vergebung Gottes
nicht nach Belieben wie von einem Konto abrufen.
Man kann auch nicht drauflos sündigen in der Meinung:
Gott wird's schon liebend richten und in Ordnung bringen.
Verweigerte Vergebung wirkt auf den Menschen
wie Zorn oder Strafe.
Schnell wird spürbar, wie elementar sich das Klima
der Nähe Gottes vom Klima der Ferne Gottes unterscheidet.
Sag zu Gott von Herzen ja, und schiebe diese
Grundsatzentscheidung nicht immer weiter hinaus.
Die Folgen eines Lebens an Gott vorbei
können sehr plötzlich über dich kommen,
und dann hast du keinen Halt.
Noch schlimmer wird es, wenn der Mensch
sich auf unrechtmäßigen Besitz verläßt.
Im Strudel der Skrupel gibt es kein Halten.

DANN SCHWEIG LIEBER

Ändere deine Ansicht nicht nach Bedarf.
Laufe nicht gleich jedem hinterher, der Süßholz raspelt.
Bewahre dir deinen Standpunkt als Folge deiner Erkenntnis.
Rede nicht anderen nach Belieben nach dem Mund.
Sei spontan zum Zuhören bereit, ohne zu zögern.
Aber nimm dir gute Zeit, bevor du wohltuend antwortest.
Bist du sachkundig in einer Angelegenheit,
dann erkläre dem andern, worum es geht.
Verstehst du aber nichts davon, dann schweig lieber.
So ist es nämlich:
Mit Worten kann man Lob und Anerkennung ernten;
mit Worten kann man aber auch viel Unheil anrichten.
Mache vor allem keinen Menschen
hinter seinem Rücken schlecht,
und rede nicht über andere mit doppelter Zunge.
Ein Dieb, der einem anderen das Eigentum nimmt,
verliert seine gesellschaftliche Stellung.
Aber ein Mensch, der einem anderen die Würde nimmt,
verliert sein Gesicht.
Zum Schluß: Erkenne in allem den Wert,
im Kleinen und im Großen.

WIE EIN TROCKENER BAUM

Laß dich nicht hinreißen von ungezügelten Gefühlen.
Das bringt nur dein Blut in Wallung.
Du treibst wie ein steuerloses Fahrzeug.
Am Ende stehst du da wie ein vertrockneter Baum,
kahl und hilflos und ohne Kraft.
Zügellosigkeit zerstört den Menschen
und provoziert das schallende Gelächter der Gegner.

WIRKLICHE FREUNDE

Wer Wärme ausstrahlt, gewinnt verläßliche Gefährten.
Wer Herzlichkeit verströmt, vermittelt Vertrauen.
Komm mit möglichst vielen gut aus,
aber wähle dir unter den vielen nur einen,
wenn du einen wirklichen Ratschlag brauchst.
Suchst du feste Freundschaft,
dann sei nicht zu schnell vertrauensselig,
sondern suche den Erweis für ehrliche Treue.
Schon mancher hat sich wie ein Freund gebärdet,
aber wenn es darauf ankam, fiel er um.
Andere sogenannte Freunde verwandeln sich
augenblicklich in erklärte Gegner
und posaunen anschließend den Konflikt
in der Öffentlichkeit aus.
Andere angebliche Freunde
sind lediglich Schmarotzer an deinem Tisch.
Aber wenn du sie brauchst,
sind sie wie vom Erdboden verschluckt.
Solange dir alle Mittel zur Verfügung stehen,
halten solche Freunde zu dir, ahmen dich nach
und führen bei dir ein Leben, als wären sie du.
Bist du aber arm dran, dann kennen sie dich nicht mehr.
Feinde soll man sowieso meiden,
aber auch vor Freunden muß man auf der Hut bleiben.
Ein ehrlicher Freund ist wie ein Deich gegen die Flut.
Wer einen solchen Freund gewinnt,
hat eine große Kostbarkeit gewonnen.

Solche Freundschaft ist mit nichts zu bezahlen,
sie hat einen unvergleichlichen Wert.
Ein aufrichtiger und verläßlicher Freund
gibt dem Leben Gewißheit und Hoffnung.
Wer in Ehrfurcht vor Gott lebt,
wird solchen Freund gewinnen.
Denn Ehrfurcht ist der Schlüssel dafür,
daß ich mich selbst als aufrichtiger Freund öffne und erweise.
Das ist die Grundlage für Geschwisterlichkeit,
für gegenseitigen Austausch.

NIMM DIE GROSSE WAHRHEIT IN DEIN HERZ

Mein Freund,
kümmere dich von klein auf
um den Glauben, der zum sinnvollen Leben führt.
Bleib darin bis ins Alter.
Arbeite an diesem Glauben, als wolltest du ein Stück Land
von der Saat bis zur Ernte führen.
Die Ernte macht nicht die große Arbeit,
sie ergibt sich wie von selbst.
Wer sich in diese Arbeit nicht einbeziehen läßt,
gewinnt auch keinen Zugang.
Auch der, der nichts verstehen will,
bleibt immer ein Außenstehender.
Schwere Arbeit mit Herz und Verstand für Weisheit und
Ehrfurcht ist vielen zu mühselig. Sie geben bald auf.
So bleiben es wenige,
die sich in die Weisheit Gottes verlieben.
Mein Freund, steige in meine Gedankenwelt ein.
Verweigere dich nicht.
Laß dich von den Entdeckungen packen und fesseln.
Mach dich klein und nimm die große Wahrheit in dein Herz.
Wehre dich nicht gegen solche innere Bindung.
Faß den Reichtum dieser Erkenntnis bewußt ins Auge,
und richte dein Leben entsprechend ein
mit allen deinen Kräften und Möglichkeiten.

Halte immer neu Ausschau nach diesen Erkenntnissen,
und wenn du sie entdeckt hast, dann bewahre sie gut.
In Angst, Krankheit und anderen Tiefen deines Lebens
wird die Bindung an Gott in Ehrfurcht dir Halt bieten.
Läßt du dich stets von der Wahrheit fesseln,
wird diese Bindung wie ein kostbares Geschmeide sein.
Was dir als Last erschien, verwandelt sich in Lebenshilfe,
was dir wie ein Gefängnis vorkam,
wird zum Signal der Freiheit in hellen Farben.
Wie ein wundervolles Gewand
wird dich die lebendige Wahrhaftigkeit umschließen,
und dein Kopf macht den Eindruck, als trügest du eine Krone.
Mein Freund, wenn du dich wirklich danach sehnst,
dann wird dir Weisheit geschenkt.
Wenn du ihr dein Herz schenkst, dann wirst du verständig.
Wenn du deine inneren Ohren öffnest,
wirst du den Klang der Wahrheit vernehmen,
und du wirst ihrer bewußt.
Ein kleines Rezept:
Lerne aus der Vergangenheit und insbesondere
von alten Menschen. Wenn du einen Menschen triffst,
der weise ist, dann suche seine Nähe,
und laß dir von Gottes Wundern erzählen.
Merk dir alle guten Sätze, ja, lerne sie auswendig.
Wenn du einen in dieser Hinsicht überzeugenden
Menschen triffst, dann besuche ihn so oft wie möglich.
Vor allem aber: Meditiere über die Weisungen Gottes,
und lebe dich in seinen Willen hinein.
Das wird deine Seele reich machen
und mit den guten Erkenntnissen füllen,
nach denen du dich gesehnt hast.

SAAT UND ERNTE

Wer nichts Arges anrichtet, wird auch nichts Arges erfahren.
Bleib auf Abstand zum Bösen. Dann widerfährt dir auch
kein Unheil. Wer das Böse nicht sät,
braucht auch den vielfachen Ertrag nicht zu fürchten.

GIB NICHT AN MIT DEINER WEISHEIT

Neide den Mandatsträgern nicht das Mandat.
Schiele nicht auf einen Platz neben dem Präsidenten.
Spiel dich vor Gott nicht auf, indem du dein Recht einklagst.
Gib nicht an mit deiner Weisheit vor den Mächtigen.
Bilde dir nicht ein, die Welt verbessern zu können,
wenn du selbst bestimmen könntest.
Es könnte leicht sein, daß du auf Stärkere triffst,
bei denen du mit deiner Anständigkeit
auf Widerstand stößt.

BEDENKE, DASS ES EINEN GIBT, ...

Setze dich nicht ins falsche Licht vor deinen Mitmenschen,
und laß dich nicht von der Menge Mensch demütigen.
Versuche auch gar nicht erst, einen Fehler zu wiederholen;
denn schon der erste hat zwingend seine Folgen.
Glaube ja nicht, du könntest Gott bestechen
durch Spenden oder so etwas.
Wenn du mit Gott redest, dann nur aus ehrlichem Herzen.
Höre auch nicht auf in deiner Bereitschaft, andern zu helfen.
Lächle nicht über einen schwachen
und traurigen Menschen.
Bedenke, daß es einen gibt,
der auch deine Lebensebene radikal verändern kann.
Verbreite keine Unwahrheiten über einen Menschen
aus deiner Familie.
Auch nicht über deinen Freund.
Mach die Lüge nie zu einer Gewohnheit,
denn sie fällt auf dich zurück.

Rede nicht geschwätzig und leichtsinnig
im Kreis erfahrener Menschen.
Wenn du mit Gott sprichst, dann plappere keine Litanei.
Schätze schwere Arbeit nicht gering ein,
und lästere nicht über die Bauern.
Mit ihnen begann Gottes Arbeit in der Welt.
Halte dich nur nicht für etwas Besonderes
im Vergleich mit anderen, die scheitern wie du.
Vergiß nicht, daß Gott für jede üble Tat
eine Folge bereit hält.
Bewahre dir also immer Bescheidenheit;
denn auf Undankbare und Hochmütige
warten – derbe gesagt –
Angst und Hämorrhoiden.

SEI KONSEQUENT

Verrate deinen Freund nie und nimmer.
Um keinen Preis darfst du deine Familie preisgeben.
Setz auch deine Frau nicht aufs Spiel;
denn eine redliche und weise Frau
ist kostbarer als alle Schätze.
Ein Untergebener und Angestellter,
der seine Arbeit gewissenhaft tut,
darf von dir nicht ungerecht behandelt werden.
Wenn dir jemand gewissenhaft dient,
dann respektiere seine Freiheit und seine Würde.
Achte sorgfältig auf deine Tiere;
sie sind dir anbefohlen und brauchen deine Fürsorge.
Wenn du Kinder hast, dann sei in der Erziehung konsequent.
Lehre sie Dankbarkeit von klein auf.
Behüte sie gut, aber zeig ihnen deine Liebe
nicht aufdringlich.
Verheirate deine Kinder gut.
Dann hast du viele Sorgen hinter dir.
Und wenn du eine Frau hast, die deinem Herzen entspricht,
dann mach ihr das Leben nicht schwer.
In einer Ehe ohne Liebe gibt es kein Vertrauen.

ZEIGE EHRFURCHT VOR GOTT

Fühle Ehrfurcht vor deinem Vater,
und denk daran, unter welchen Schmerzen
deine Mutter dich geboren hat.
Du verdankst dein Leben deinen Eltern.
Worin könnte dein Dank bestehen, wenn du das bedenkst?
Zeige Ehrfurcht vor Gott.
Hab auch Respekt vor Priestern und Pastoren seiner Kirche.
Schenk dein Herz dem Schöpfer des Lebens
und beziehe die ein, die ihm ihr Leben widmen.
Danke deinem Schöpfer,
und fühle dich zu Haus in seiner Kirche, die ihm dient.
Zahle deine Kirchensteuer und übernimm helfende Dienste.

IN DEINEM GANZEN LEBEN DENK DARAN

Wenn du im Segen bleiben willst,
dann hilf armen Menschen.
Mach jedem eine Freude, wenn du kannst,
und erweise auch den Verstorbenen Respekt.
Wo Tränen fließen, sollst du trösten.
Wo du Traurigkeit antriffst, da trauere mit.
Es kann auch zu deiner Aufgabe gehören,
Kranke zu besuchen.
Tu das ohne Verdruß. Man wird dir danken.
In deinem ganzen Leben denk daran,
daß auch du einmal sterben wirst.
Wenn du das verinnerlichst,
wird man dich nicht auf der Seite des Bösen finden.

DAS VERMÄCHTNIS DER GENERATIONEN

Suche nicht sinnlose Auseinandersetzungen mit Menschen,
die Macht haben. Du kannst leicht abhängig werden.
Vermeide Konflikte mit reichen Leuten.
Sie können dich leicht in die Knie zwingen.
Viele sind bestechlich,
und auch die obersten Repräsentanten
sind nicht immun dagegen.
Laß dich nicht auf einen Gedankenaustausch
mit einem Großmaul ein. Du könntest höchstens
noch Öl ins Feuer gießen.
Mach dich nicht lustig über einen Dummkopf.
Er könnte dich und deine Familie in den Dreck ziehen.
Rechne nicht auf, was ein anderer verfehlt hat,
sondern bedenke, daß wir alle Fehler machen
und schuldig werden.
Sieh nicht auf alte Menschen herab;
denn du willst ja auch einmal alt werden.
Juble nicht, wenn dein ärgster Feind stirbt;
denn wir werden alle einmal sterben.
Wenn erfahrene Menschen reden, dann lächle nicht,
sondern sieh zu, daß du ihren Ratschlägen folgst.
So kannst du viel für deinen Horizont tun
und lernen, wie man Gespräche führt.
Wende dich nicht ab von den Erfahrungen der Vorfahren;
denn auch die gaben nur weiter,
was sie von den Generationen vor ihnen
als Vermächtnis bekamen.
Aus alledem gewinnst du die Fähigkeit,
in kritischen Gesprächen Farbe zu bekennen
und standzuhalten.

ORIENTIERUNGSHILFEN

Gib den Gewissenlosen nicht noch Zündstoff,
sonst entfachst du einen Flächenbrand.
Laß dich auf keine Auseinandersetzung
mit einem Streithammel ein;
denn der dreht dir jedes Wort im Munde herum.
Verleihe nichts an Menschen, die einflußreicher sind als du.
Und wenn schon, dann nimm lieber gleich Abschied
von der Leihgabe.
Wenn du für jemanden eine Bürgschaft leistest,
dann nie höher, als du verantworten kannst.
Es muß dir auch klar sein,
daß du im Entscheidungsfall zur Kasse gebeten wirst.
Führe nie einen Prozeß gegen einen Richter;
denn das Urteil fällt nach seinen Vorstellungen aus.
Schließ dich nie einem Leichtsinnigen und Draufgänger an;
denn der riskiert Kopf und Kragen,
und alles muß nach seiner Nase gehen.
Das bringt dir nur Kummer und Nachteil.
Vermeide den Konflikt mit einem Fanatiker.
Sieh zu, daß du mit einem solchen Menschen nie allein bist;
denn Fanatiker haben keine Ehrfurcht vor dem Leben
und scheuen auch einen Mord nicht.
Vertraue einem Spaßvogel kein Geheimnis an;
denn ein solcher Mensch ist eine Plaudertasche
und kann nichts für sich behalten.
Wenn du einen Menschen nicht kennst,
dann zeig ihm auch nicht, was du geheimhalten willst;
denn du übersiehst nicht, was er möglicherweise
mit seinem Wissen macht.
Gib nicht jedem x-Beliebigen Einblick
in deine Gefühle oder in dein Denken.
Er wird deinem Vertrauen wahrscheinlich nicht gerecht.

GUTGEMEINTE TIPS FÜR EHEMÄNNER

Sperre deine Frau nicht in das Gefängnis deiner Eifersucht;
sie kann leicht ausbrechen.
Laß dich nicht zum Sklaven machen.
Geh einer Frau aus dem Weg, die dich verführen will.
Sonst zappelst du wie ein Fisch im Netz.
Laß dich nicht zu sehr faszinieren
von einer hinreißenden Darstellerin auf der Bühne.
Du könntest ihr schnell auf den Leim gehen.
Verschlinge nicht junge Mädchen mit deinen Augen;
das kann böse Folgen haben.
Suche keinen Ersatz im Bordell;
sonst stehst du bald mittellos da.
Benimm dich nicht wie ein streunender Hund,
der verlassene Winkel und dunkle Ecken sucht.
Besser ist es auch, wenn du eine schöne Frau
nicht mit deinen Blicken streichelst.
Ihre Formen und Reize gehen dich nichts an.
Manch reizvolle Frau wurde einem Mann
schon zum Verhängnis.
Wenn du erst vor Sehnsucht glühst, ist es zu spät.
Halte nicht Händchen mit der Frau eines andern;
verabrede dich auch nicht mit ihr zum Essen;
riskiere auch nicht mit ihr
die lockernde Wirkung von Alkohol.
Es könnte leicht geschehen, daß du ihr im Überschwang
deiner Gefühle Geständnisse machst,
die du später bitter bereust.
Es kann dich sogar dein Leben kosten.

UMGANG MIT MENSCHEN

Laß eine bewährte Freundschaft nicht zu Ende gehen.
Du übersiehst ja nicht, was dir eine neue bringt.
Selbst wenn du einen neuen Freund gewinnst,
dann braucht es viel Zeit,
damit die Freundschaft sich bewähren kann.
Es ist wie mit gutem Wein: je älter, desto schmackhafter.
Ärgere dich nicht, wenn Gewissenlose
hohe Ämter bekleiden. Du weißt ja jetzt nicht,
welches Schicksal sie ereilt.
Liebäugele aber auch nicht mit dem,
was solche Menschen haben oder sind.
Sei überzeugt: Jede böse Tat hat ihre Folge
noch in diesem Leben.
Suche nie die Nähe von Menschen, die gewalttätig sind.
Es könnte dich sonst selbst treffen.
Macht es die Situation dennoch nötig,
dann sei vorsichtig, mach keine Fehler,
damit du nicht dein Leben riskierst.
Bei solchen Menschen mußt du dir vorstellen,
daß links und rechts ein Abgrund klafft
und du selbst balancierst auf schmalem Grat.
Prüfe also die Menschen, mit denen du umgehst,
auf Herz und Nieren.
Guten Rat aber wirst du nur bei besonnenen Menschen
finden, die mit Gott reden.
Lade dir nur ordentliche und verläßliche Menschen ein.
Wenn sie später über dich reden, dann sollen sie sagen:
Wir waren wirklich bei einem zu Gast,
der Ehrfurcht vor Gott hat.

MACHT IST EINE LEIHGABE

Ein Werk lobt seinen Meister.
Besonnene und inhaltsreiche Worte
eines Mandatsträgers sind der beste Applaus.
Wer an der Macht ist und in seinen Reden
nur leeres Stroh drischt, bringt Gefahr über das Land.
Wer nur darauf los redet, ohne zu überlegen,
stößt auf scharfe Ablehnung.
Wer an der Regierung ist und sein Amt
in Ehrfurcht und mit Besonnenheit ausfüllt,
der gibt dem ganzen Volk Halt.
Wo ein solcher Mensch das Sagen hat,
entstehen Fundamente für das Leben.
Die Verwaltung mit all ihren Beauftragten
ist immer ein Spiegelbild ihrer Leitung.
Das Verhalten der Bürger ist stets
ein Echo auf die Arbeit der Gemeindevertretung.
Eine haltlose und selbstgefällige Regierung
zerstört auf Dauer eine ganze Nation mit ihren Menschen.
Ist die Regierung dagegen verständig und weise,
blüht das Gemeinwesen auf.
Macht liegt eigentlich ausschließlich bei Gott.
Die Geschichte zeigt: Gott bevollmächtigt
immer wieder gute Menschen,
wenn die Situation es erfordert.
Macht ist daher eine Leihgabe;
wer dies erkennt und sich danach richtet,
wird gute Ergebnisse vorweisen
und in Gesetz und Rechtsprechung
die Menschenwürde beachten.

GOTTES RADIKALITÄT

Wirf deinem Mitmenschen nicht dessen Fehler vor.
Sei ihm gegenüber nicht überheblich.
Gott kann Überheblichkeit und Selbstgefälligkeit
nicht leiden, und die Menschen empfinden Abscheu.
Durch Terror, Machtmißbrauch und Egoismus
verlieren ganze Völker ihre Souveränität.
Wie kann ein Mensch nur soviel Scheinheiligkeit
an den Tag legen,
wo er doch einsehen müßte, daß der Körper vergänglich ist:
Wie er selbst einen Verdauungsapparat hat,
so gehört er auch zum großen Verdauungsapparat
der Natur.
Manchmal beginnt es mit leichten Krankheitssymptomen,
über die der Arzt noch seine Witze macht.
Dann aber heißt es plötzlich:
heute Saus, morgen aus.
Und wenn der Mensch in der Erde liegt,
kommen Maden und Würmer.
Ein bitteres Ende für Menschen ohne Gott.
Keine Hoffnung trägt sie.
Selbstüberschätzung treibt zu allen denkbaren Verirrungen.
Wer sich darin verliert, richtet großes Unheil an.
Solche Menschen stehen vor ihrem Schöpfer
mit leeren Händen und vergehen im Nichts.
Selbst die mächtigsten Gewalttäter und Verbrecher
verlieren ihre Macht,
und gute Menschen werden ihre Nachfolger.
Gottes Wort spricht ein radikales Urteil über die Lästerer
und beruft die Gewissenhaften ins Amt.
Wieder zeigt die Geschichte, wie die Folge
verbrecherischer Macht darin besteht,
daß nur noch verbrannte Erde übrig bleibt.
Die Mehrzahl der Übeltäter ist buchstäblich krepiert,
und ihr Name wird nicht mehr
oder nur mit Schrecken genannt.
Die Fähigkeit und Bereitschaft des Menschen zum Bösen
ist von Gott weder geschaffen noch gewollt.

BESSER DU LEGST EHRLICH HAND AN

Wer vor Gott in Ehrfurcht lebt,
wird am Ende Anerkennung und Erfüllung finden.
Wer die Ehrfurcht vor Gott verweigert,
verliert die eigene Würde.
Zwischen Menschen steht der Älteste oder der Reichste
oder der Stärkste im höchsten Rang,
aber Gott verleiht denen den höchsten Rang,
die ihm ehrfürchtig dienen, ganz gleich, ob reich oder arm,
groß oder klein, berühmt oder übersehen.
Es ist doch unsinnig, einen besonnenen Menschen
gering zu schätzen, nur weil er bedürftig ist.
Genauso ist es einfach widersinnig,
vor einem Gewissenlosen zu liebedienern,
nur weil er über entsprechende Guthaben verfügt.
Machthaber, Chefs und Regierende
stehen in der öffentlichen Meinung oft hoch im Kurs,
aber sie haben nicht soviel Bedeutung
wie ein Mensch in Ehrfurcht vor Gott.
Das geht so weit, daß ein Vorgesetzter
seinem Untergebenen inhaltlich folgen soll,
wenn dieser Vernunft und gute Einsicht zeigt.
Das sollte ohne jeden Dünkel geschehen.
Mime aber nicht den Vernünftigen,
wenn nichts dahinter steht
und du nur dein Spielchen suchst.
Tu nicht so, als seist du überlegen,
bloß weil du deine Schwäche überspielen willst.

Besser du legst ehrlich Hand an und verdienst dir dein Geld,
als daß du hochstapelst, ohne etwas davon zu haben.
Mein Freund, steh auch in aller Bescheidenheit zu dir selbst,
und schätze dich nicht kleiner ein, als du bist.
Wer wird denn schon den anerkennen,
der sich fälschlich klein macht,
oder wer wird schon dem Respekt zollen,
der sich selbst ablehnt?!
Ein Habenichts findet Anerkennung, wenn er weise ist.
Ein Habealles findet Anerkennung um seines Besitzes willen.
Wenn der Bedürftige schon bejaht wird,
weil er besonnen ist,
wie würde man erst bei einem Begüterten
die Ehrfurcht bewundern!
Das Gegenteil nimmt man beiden übel,
meistens dem Armen noch mehr.

VIELE GROSSE WURDEN SEHR KLEIN

Besonnenheit aus Glauben bringt dem einfachen
Menschen Anerkennung und Respekt.
Man wird ihn gern unter den einflußreichen Menschen
willkommen heißen.
Zu einer guten Lebenseinstellung gehört,
daß man einen Menschen niemals
wegen seiner Schönheit besonders verehrt.
Zu derselben guten Lebenseinstellung gehört auch,
daß man einen Menschen niemals
wegen seiner körperlichen Defizite gering schätzt.
Im Vergleich: Eine Biene ist klein und unansehnlich,
aber sie schafft den wunderbaren Honig.
Gib nicht an mit deiner großartigen Kleidung,
und sei nicht selbstgefällig
an deinem Geburtstag oder Jubiläum.
Gott allein ist großartig,
und ihm allein gebührt unser Glückwunsch.
Keiner kennt seine Geheimnisse.
Viele Machtbesessene haben ihre Kleinheit
erkennen müssen, und überraschenderweise hat man
Unbekannte ins Mandat gehoben.
Viele Große wurden sehr klein,
und manche Berühmtheit verlor schnell ihren Glanz.

ÜBERNIMM KEINE VORURTEILE

Übernimm keine Vorurteile, sondern untersuche
den Sachverhalt genau. Bilde dir kein Urteil,
bevor du die Umstände kennst,
die Sache einschätzen kannst
und den andern hast ausreden lassen.
Häng dich nicht in Konflikte,
die dich nichts angehen. Bleib auf Abstand,
wenn gewissenlose Menschen sich streiten.

BLEIB BEI DEM, WAS MAN DIR ANVERTRAUT HAT

Mein Freund, verzettele dich nicht.
Wenn du dir zuviel aufIädst, wirst du vielem nicht gerecht.
Dann strampelst du dich ab und kommst doch nicht
ans Ziel. Dann willst du aufgeben und hast keine Chance.
Unter Aufbietung aller Kräfte strengt sich mancher an
und hat doch keinen Erfolg.
Er keucht hinter dem Profit her und verpaßt den Anschluß.
Ein anderer dagegen beweist Geduld, obwohl er dringend
auf Unterstützung angewiesen wäre.
Aber ihm rinnt alles durch die Hände, und er steht hilflos da.
Doch ihn hat Gott lieb, und sein Glaube
bewahrt ihm seine Würde, und seine Umgebung staunt.
Letztlich hat alles seine Quelle in Gott:
Erfüllung und Frust, Leben und Tod, Armut und Reichtum.
Bleibendes verleiht Gott dem Ehrfürchtigen,
und das Bleibende hat Bestand in Zeit und Ewigkeit.
Es gibt Menschen, die sparen und sparen und sagen sich:
Hab ich was, dann bin ich was.
Und nun will ich davon leben, und ich will es genießen.
Aber dieser Mensch weiß nicht,
wann sein Stündlein geschlagen hat und der Tod kommt.
Deshalb: Bleib bei dem, was man dir anvertraut hat,
und beweise dich in deinem Alltag.
Gib nichts auf die Art und Weise,
wie Schweinehunde zu Reichtum kommen.
Behalte Gott lieb und fülle deinen Beruf aus.
Gott kann dein Leben umkehren.
Sein Segen ist wie eine Ernte im Leben des Ehrfürchtigen.
Menschen, die so glauben, blühen auf.

Überleg nicht: Was brauche ich noch,
und was werde ich in Zukunft haben?
Sag aber auch nicht: Ich habe ja alles,
was kann mir in Zukunft schon passieren?
In guten Zeiten denk daran,
daß schlechte kommen können.
In schlechten Zeiten denk daran,
daß gute kommen können.
Der Tod ist etwas wie eine Endabrechnung, auch vor Gott.
Böse Zeiten lassen alle Freude vergehen.
Am Ende des Lebens wird erst kristallklar,
wie ein Mensch gelebt hat.
Deshalb soll sich niemand im Leben selbst beweihräuchern.
In der Todesstunde wird sich zeigen,
was für ein Mensch er war.

NIMM DICH IN ACHT

Bitte nicht gleich jeden in deine Wohnung
aus Gutmütigkeit und Leichtgläubigkeit.
Es laufen zu viele Betrüger herum.
Wer Betrug vorhat, ist wie eine Elster oder wie ein Spion.
Er sucht nur nach einer Schwachstelle.
Wenn ein solcher Mensch Gutes erlebt,
dann verdreht er es ins Schlechte,
und einem guten Menschen redet er übel nach.
Aus einer Mücke macht er einen Elefanten.
Ein Gewissenloser scheut vor keiner Bluttat zurück.
Nimm dich in acht vor solchen Typen;
denn sie haben nichts Gutes vor.
Sieh zu, daß sie dein Leben nicht zerstören.
Beherbergst du unbedacht einen Menschen,
den du nicht kennst,
dann bist du im Handumdrehen ein Gast
in den eigenen vier Wänden.

TU GUTEN MENSCHEN GUTES

Sieh genau hin, wenn du jemandem etwas Gutes tun willst.
Dann wirst du auch auf Dankbarkeit treffen.
Tu guten Menschen Gutes. Das macht dich glücklich,
und Gott wird es bestätigen.
Tu aber keinem Menschen Gutes, der nur Schlimmes tut
und selbst hartherzig ist.
Wo du Ehrfurcht vor Gott spürst, da hilf und sei großzügig.
Wo du Härte und Gemeinheit antriffst, da halte Abstand.
Einem bescheidenen Menschen sollst du gern helfen;
einem Herzlosen aber nicht. Gib ihm nichts,
damit er dir nicht noch überlegen wird.
Schlechte Menschen zahlen dir doppelt heim,
was du ihnen Gutes getan hast.
Auch Gott kann mit den Bösartigen nichts anfangen.
Sie fallen aus seiner Hand.

EIN WIRKLICHER FREUND

Was ein wirklicher Freund ist,
kann man nicht erkennen, wenn alles zum Besten steht.
Wenn es dir dreckig geht,
dann entlarvt sich der Wolf im Schafspelz.
Eines können Feinde nicht leiden: Wenn du es gut hast.
Wenn du dagegen schlecht dran bist, wollen sogar
angebliche Freunde nichts mehr von dir wissen.
Wichtig: Vertraue niemals deinem Feind!
Denn wie Eisen immer wieder Rost ansetzt,
so ist ein solcher Mensch von seiner Bösartigkeit besessen.
Und wenn er dir noch so sehr nach dem Mund redet
oder irgendwelche schön klingenden Angebote macht:
Bleib vorsichtig!
Hinter seinem noch so glatten Gesicht
verbergen sich üble Gedanken.

Stell ihn dir nicht gleich. Es könnte leicht geschehen,
daß er dich abserviert.
Gib ihm nicht die Möglichkeit, deinen Platz einzunehmen.
Du würdest dich schnell an meine Gedanken erinnern
und bereuen, daß du dich nicht nach ihnen gerichtet hast.
Wer hat schon Mitgefühl mit einem Drahtseiltänzer,
wenn er herunterfällt?
Wer bemitleidet schon einen Bombenbastler,
wenn er in die Luft geht?
Das ist vergleichbar mit einem Menschen,
der mit Schweinehunden Kontakt hält
und dabei in einen Strudel der Zerstörung gerät.
Eine kleine Weile sind die Bösartigen schon deine Begleiter,
aber sie lassen dich fallen wie eine heiße Kartoffel.
Dein Gegner findet zwar glatte Worte,
spricht öffentlich sein Bedauern aus
und gibt sich teilnahmsvoll.
Er kann sogar wie auf Befehl Tränen vergießen,
Krokodilstränen, aber im Innern sinnt er darauf,
wie er dich ganz vernichten kann,
und wenn es die Situation zuläßt,
handelt er wie im Rausch.
Stößt dir dann etwas zu, dann ist er sofort da
und gibt vor, dir zu helfen,
aber unbemerkt läßt er dich umkommen.
Seine ganze Haltung spricht Bände:
Er applaudiert sich selbst, sagt dir spöttisch
so etwas wie Bedauern ins Gesicht
und zeigt seinen wahren Charakter.

WER IN FARBE FASST, BESCHMIERT SICH

Wer in Farbe faßt, beschmiert sich.
Wer sich zu Kaltherzigen hält, nimmt auf Dauer
ihre Einstellung an. Mach keine gemeinsame Sache
mit reichen Angebern oder machtlüsternen Gernegroßen.
Du brichst darunter zusammen.
Ein Blumentopf paßt eben nicht neben eine goldene Vase.
Er hält dem Vergleich nicht stand.
Verwöhnte Lebemänner verletzen andere Menschen
und werfen mit ihrem Geld um sich.
Die Armen haben das auszuhalten
und müssen noch gute Miene zum bösen Spiel machen.
Solange ein solcher Typ dich brauchen kann,
läßt er dich für sich schuften;
aber wenn du keine Kräfte mehr hast, bist du für ihn Luft.
Vorher aber zieht er dir alles aus der Tasche,
was du besitzt, und hat dabei kein schlechtes Gewissen.
Solange er dich benutzen kann, kennt er keine Skrupel
und überlistet dich geschickt.
Er setzt ein freundliches Gesicht auf,
macht dir großartige Versprechungen,
sagt dir alles, was dir guttut,
lädt dich zum festlichen Essen ein,
nimmt dich anschließend aus wie eine Gans
und lacht über dich.

Wenn er dann später sieht,
daß bei dir nichts mehr zu holen ist,
dann kennt er dich nicht mehr
und runzelt höchstens seine Stirn über dich.
Darum paß auf, daß man dich nicht reinlegt
und dir deine Leichtgläubigkeit nicht zum Verhängnis wird.
Wenn ein einflußreicher Mensch dich in seiner Nähe
haben will, dann tu dich schwer.
Wenn er es ehrlich meint, wird er seine Versuche verstärken.
Aber dräng dich ihm nicht auf;
sonst erntest du nur eine schmerzliche Absage.
Bleib auch nicht zu sehr auf Abstand;
man könnte dich sonst vergessen.
Behandle einen solchen Menschen nicht,
als würdest du ihn seit Jahren duzen.
Gib auch nicht zuviel auf seine vielen Worte;
denn mit seiner freundlichsten Miene
will er dich doch nur aushorchen.
Vorschnelles und vorlautes Reden führt meistens
zu peinlichen Situationen, die oft vor dem Richter enden.
Darum sei vorsichtig. Paß gut auf dein Leben auf.
Schon jedes Tier liebt und beschützt das Mitglied
seines Rudels oder seiner Herde.
Jeder Mensch empfindet besondere Bindung
zum Mitglied seiner Familie und Sippe.
Jedes Lebewesen hat seinen eigenen Lebensverbund.
So sollte auch jeder Mensch sich Menschen aussuchen,
die wesentlich zu ihm passen.
Was geschähe denn, wenn der Wolf
die Nähe zum Schaf sucht?
Was geschähe denn, wenn der Bösartige
die Nähe zum Guten sucht?
Eine Hyäne kann mit einem Hund keinen Frieden halten.
Der Gewissenlose kann mit dem Gewissenhaften
keine Gemeinschaft haben.
Der Löwe reißt in der Sawanne das Wild.
Genauso reißen die Mächtigen die Armen.

Genauso wie der Selbstgefällige den verachtet,
der niedriger gestellt ist,
so verachtet auch der Besitzende den Mittellosen.
Wenn ein Begüterter Schwäche zeigt,
dann helfen ihm sofort die Vertreter seiner Schicht.
Wenn aber ein „armer Hund" keine Chance mehr sieht,
dann geben ihm seine angeblichen Freunde
noch einen Tritt.
Wenn ein Geldbonze ins Schleudern gerät,
dann fangen ihn viele Gleichgesinnte auf.
Und wenn er sich im Vokabular vergriffen hat,
klatscht man bereitwillig Beifall.
Wenn aber ein armer Kerl am Ende seiner Möglichkeiten ist,
dann gibt es noch ein lautes Trara.
Selbst wenn er alles erklären kann und gute Argumente hat,
man glaubt ihm nicht.
Wenn ein Einflußreicher und Besitzender spricht,
dann halten alle ihren Mund und himmeln ihn an.
Wenn aber ein „kleines Würstchen" das Wort nimmt,
dann fragt man schnell: Wer ist denn das?
Und wenn er mit seinen Worten ins Schwarze trifft,
dann zerreißt man ihn in der Luft.

SIEH EINEM MENSCHEN IN DIE AUGEN

Besitz ist ethisch nur zu verantworten,
wenn keine Schuld an ihm haftet.
Nur Lästerer schieben die Armut ins schuldhaft Böse.
Sieh einem Menschen in die Augen;
sie sind der Spiegel der Seele
und geben Auskunft über Gut und Böse.
Ein gutes Herz strahlt wohltuend aus den Augen,
schlechte Gedanken dagegen
machen den Blick gequält.

WENN JEMAND DAS EIGENE LEBEN NICHT BEJAHT

Froh sollte sein, wer nicht durch Worte Schaden anrichtet
und unter seinem schlechten Gewissen leidet.
Froh sollte sein, wer ein gutes Gewissen hat
und sich seinen Mut zur Zukunft nicht zerstören läßt.
Geld und Besitz gehören nicht in die Hände
eines kleinkarierten oder geizigen Menschen.
Wer viel anhäuft und vor lauter Geiz
nicht einmal dem eigenen Leben damit dient,
der rafft letztlich nur für andere,
und die werden es durchbringen.
Wer nicht an sich selbst denkt,
wird auch für andere nichts übrig haben.
Er kann sich ja nicht einmal an dem, was er besitzt, freuen.
Im Leben gibt es fast nichts Bedrückenderes,
als wenn jemand das eigene Leben nicht bejaht
und genießt. So etwas ist die direkte Folge des Geizes.
Sollte solch ein Mensch wirklich einmal einem andern
etwas zugute kommen lassen, dann war es ein purer Zufall.
Am Ende wird sein Motiv doch deutlich: Raffgier.
Verwerflich ist auch ein Mensch, der es nicht ertragen kann,
wenn Menschen Menschen Gutes tun, und wegsieht,
ohne seine Hand zu öffnen.
Ein Egoist begnügt sich nie mit dem, was er hat.
Vor lauter Knauserigkeit nimmt er seinem Leben allen Sinn.
Ein Neider mißgönnt einem andern sogar eine Schnitte Brot,
und er empfindet fast Ekel, wenn er einem andern
Essen auf den Tisch stellen soll.
Mein Freund, laß dir selbst etwas in deinem Leben zugute
kommen und spende auch entsprechend
im Namen Gottes.
Denk daran, daß dein Leben ein Ende haben wird,
und mit dem Tod kannst du keinen
Lebensverlängerungsvertrag aushandeln.
„Mit warmer Hand", wie man so sagt,
sollst du Menschen, die dir nahestehen, helfen;
und die Bedürftigen unterstütze,
wie es dir deine Möglichkeiten erlauben.

Lebe jeden guten Tag bewußt,
und nimm die Überraschungen und Geschenke
dankbar an, die dir geboten werden.
Denn eines Tages mußt du die Früchte deiner Arbeit
doch in fremde Hände geben, und andere werden
dein Eigentum als Erbe bekommen.
Deshalb: Verschenke, solange du es kannst,
und nimm Geschenke an,
solange sie dir gewährt werden,
und bejahe, was dir Freude macht.
Wenn du gestorben bist,
hat das alles keine Bedeutung mehr.
Alles Leben wird wie ein abgetragenes Gewand.
Dahinter steht die uralte Bestimmung: der Tod.
Das ist fast wie in der Natur:
Blätter fallen, neue Triebe wachsen.
Menschen sterben, Kinder werden geboren.
Alles Leben nimmt sein Ende,
und auch all die, die das herbeiführen,
finden dasselbe Schicksal.

WER DIE NÄHE ZUR WEISHEIT SUCHT

Sinnvoll lebt, wer die Wahrheit Gottes
und die Wahrhaftigkeit des Lebens
in seinem Kopf gründlich verarbeitet.
Sinnvoll lebt, wer das in seinem Inneren meditiert
und immer tiefer hinterfragt;
wer wie ein Scout die Spuren der Weisheit sucht
und sie überall auf seinem Lebensweg erwartet.
Sinnvoll lebt, wer die Nähe zur Weisheit sucht,
wer gleichsam bei ihr durchs Fenster sieht
und ihre Worte aufschnappen will;
wer sich bei ihr niederläßt und sein Leben in ihr einrichtet,
um ein gutes Zuhause zu haben.
Solch ein Mensch wird auch seine Kinder unter ihren Schutz
bringen und selbst mit ihren Konturen leben.
Das bedeutet Schutz gegen Verdruß und Zerfall
und gleichzeitig festes Fundament.

VOR GOTT IN ZEIT UND EWIGKEIT

In solche Lebensgeborgenheit findet nur der,
der Ehrfurcht vor Gott hat.
Wer treu mit Gott redet, begegnet auch seiner Wirkung.
Gottes Wirkung, sein Geist, berührt den Menschen
mit liebevoller Nähe,
wie es eine Mutter mit ihrem Kind tut
oder eine junge Frau mit ihrem Geliebten.
Für einen ehrfürchtigen Menschen bedeutet die Weisheit
Nahrung für die Seele und Erkenntnis im Gewissen.
Sie wird für ihn zum Anker und Fundament.
Sie trägt ihn, er kann sich nicht verlieren.
Seine innere Ausgeglichenheit und überzeugende
Frömmigkeit geben ihm Würde und Ansehen
vor seinen Mitmenschen.
Es wirkt auf andere, als trüge er
einen außergewöhnlichen Schmuck.
Sein Name, sein Wesen, sein Ich behalten Bestand
vor den Menschen und vor Gott in Zeit und Ewigkeit.
Dummköpfe und Lästerer haben keinen Zugang
zu solcher Verbindung mit Gott.
Glaubens- und Lebensweisheit
sind für diese Menschen unerreichbar.
Einer, der von Gott nichts wissen will,
kann auch nicht mit ihm sprechen,
weil er das Geschenk der Zwiesprache
ausgeschlagen hat.
Das Geschenk der Verinnerlichung ist aber Voraussetzung
für praktischen Gottesdienst;
denn dann gibt Gott auch seinen Segen dazu.

DIE FREIHEIT EIGENER ENTSCHEIDUNG

Rede dich nicht heraus, indem du beispielsweise sagst:
Für meine Fehler ist Gott zuständig.
Umgekehrt: Tu gar nicht erst, was Gott mißfällt.
Sag auch nicht: Gott ist verantwortlich,
weil er mich ja ohnehin nicht gebrauchen kann,
wenn ich keine Beziehung zu ihm pflege.
Gott hat den Menschen geschaffen
und ihn von Anfang an mit der Freiheit
eigener Entscheidung ausgestattet.
Das bedeutet: Du kannst selbst entscheiden,
ob du dich nach seinen Weisungen richten
und dein Leben verläßlich in seinem Sinn ausrichten willst.
Er hat dich mit einem grundsätzlichen Entweder-Oder
konfrontiert, so als solltest du zwischen Feuer und Wasser
wählen. Deine Wahl mußt du allein treffen.
Im Tiefsten ist es eine Entscheidung zwischen Leben und
Tod, zwischen Bestandhaben und Verlorengehen.
Gottes liebende Güte ist umfassend,
in ihr zeigt er seine ganze Hoheit und seinen Glanz.
Vor ihm liegt alles offen zutage,
die Wahrhaftigkeit eines Menschen oder seine Lügen.
Einen Freibrief für Schandtaten
hat Gott keinem Menschen gegeben
und auch keine Weisung, sich von ihm loszusagen.

ALS BRÄCHE EIN WILDES FEUER AUS

Viele Kinder zu haben, kann eine große Last sein.
Wenn diese Kinder nämlich ein Leben ohne Gott
führen wollen, hast du schwer daran zu tragen.
Freu dich also nicht leichtfertig über die Zahl der Kinder;
denn wenn sie ein Leben in Ehrfurcht ausschlagen und auf
die schiefe Bahn geraten, nützt dir dein Stolz gar nichts.
Sei auch nicht so sicher, daß alle deine Kinder am Leben
bleiben. Nochmals: Sei nicht stolz auf ihre Zahl.
Besser ist ein bescheidenes und ehrfürchtiges Kind als viele,
die sich um Gott und das Leben nicht scheren.
Es mag bitter klingen: Kinderlos zu sterben, scheint dann schon
besser zu sein, als Halunken und Lästerer großzuziehen.
In einem Gemeinwesen ist es dasselbe: Ein guter Mensch
kann einem Dorf oder einer Stadt zu Wohlstand und
Lebensfreude verhelfen. Aber die Masse der Nichtsnutze
macht schnell aus einer Oase eine Wüste.
Als bräche ein wildes Feuer aus in der Masse übler
Zeitgenossen, so erlebt man die vernichtende Wirkung.
Gott hat seine Gnade zurückgenommen,
wie er es immer getan hat, wenn Menschen
sich riesig vorkamen und zu Himmelsstürmern wurden
ohne Rücksicht auf Wahrheit und Leben.
Ganze Völker hatten die Folgen zu tragen, subjektiv
schuldlos, objektiv aber im Sog der Geschichte als
Flüchtling oder Vertriebener. Bösartigkeit und Hochmut
sind wie ein Krebsgeschwür in der Gemeinschaft,
und die Metastasen machen sich über die Menschen her.
Hunderttausende, ja Millionen und Abermillionen
haben darunter gelitten und leiden heute noch immer.
Die Abwesenheit von Gottes liebender Güte hat ihren
Grund darin, daß die Hochstapler diese göttliche Wirkung
ausgeschlagen haben, was sich wie ein großes Strafgericht
am Ende darstellt. Kein böser Mensch entrinnt
auf Ewigkeit seinem Schicksal. Auf den Glaubenden aber
wartet die Erfüllung seiner Hoffnung.
Kindlich gesagt: In Gottes Tagebuch ist alles vermerkt.
Grundsätzlich gesagt: Alles Tun, das gute wie das böse,
hat seine ihm innewohnende Folge.

ICH BIN EIN SANDKORN AM MEER

Denk nur nicht: Gott übersieht mich.
Oder: Im Himmel will schon gar keiner etwas von mir wissen.
Ich bin ja nur wie ein Sandkorn am Meer.
Was bin ich denn schon, daß Gott mich finden sollte?
Gott hat offenbar andere und größere Aufgaben:
das Universum in Bewegung zu halten, sich um Wolken,
Wasser und Land zu kümmern und die Vulkane Feuer
speien zu lassen. Alles gehorcht doch einem Wink von ihm.
Wie könnte er da Zeit haben, sich um mich Winzling
zu kümmern? Hinter den großen Kulissen kann ich ruhig
gegen seinen Willen handeln. Es sieht mich keiner.
Nicht einmal eine Betrügerei fiele auf.
Gute Werke finden ja auch kaum Ohren.
Was hätte es da für einen Sinn, wenn man ordentlich lebt?!
Mein Freund, so denkt nur der Törichte und Verbohrte.

AM ANFANG ALLER ANFÄNGE

Mein Freund, leihe mir deine inneren Ohren,
und mach dir meine Worte zu eigen.
Was ich dir jetzt anvertraue, trägt,
und ich will es dir sorgfältig erklären.
Als Gott am Anfang aller Anfänge das Universum und alles
Leben schuf, gab er den Dingen und Kreaturen mit,
was sie zu sein und wie sie zu leben hätten.
In allem ist diese göttliche Mitgift, die Grundordnung des Lebens,
die Dauer, die Weite und die Begrenzung von Sehnsucht,
Trieb und Anspruch. Wesentlich sollte sein:
Alles Leben hat seinem Schöpfer zu dienen,
ohne gegenseitige Behinderung und Einschränkung,
sondern eben gemäß der göttlichen Mitgift.
Er hat seine Erde, unsere Welt, zu einem reichen Garten
gemacht und die Tierarten entstehen
und sich entwickeln lassen. Das ist wunderbar.

SPIEGEL SEINER SELBST

In seiner Schöpfung lag schon der Entwurf des Menschen,
den er nach langer Entwicklung ins Leben
und zum aufrechten Gang berief,
aber auch mit der Bestimmung zu sterben.
Zeit verlieh er uns, befristete Zeit, verbunden mit der Aufgabe,
für das Leben in seinem Gefüge auf Erden zu sorgen,
und er stattete uns aus
mit der lebendigen Beziehung zu ihm.
Spiegel sollten wir sein, Spiegel seiner selbst.
Den Kreaturen gab er ein, den Menschen zu respektieren.
So hat Gott uns zu seinen Schöpfungsverwaltern ernannt.
Er verlieh uns auch die dazu notwendigen Instrumente:
die Vernunft als Grundlage der Verantwortung;
die Sprache als Mittel der Verständigung;
die Augen zum Sehen und Wahrnehmen;
die Ohren zum Hören und Vernehmen;
den Verstand als Kraft zum Nachdenken und Einordnen.
Er begabte die Menschen mit der Fähigkeit des Bewußtseins
und lehrte sie unterscheiden zwischen Gut und Böse.
Er hat das helle Licht der Wahrheit
in unsere Seele gestiftet,
damit wir den Glanz seiner Werke bestaunen,
die alle seinen Namen tragen, seinen Prägestempel.
Aus dem Bestaunen wird das Erzählen.
Es entsteht die Erkenntnis, daß alle Naturgesetze
den Naturgesetzgeber rühmen.

Das haben die Menschen von Gott gelernt, und er hat
ihnen auch die Einsicht in die Lebensstrukturen gegeben.
Gott hat den Menschen für immer Treue geschworen
und ihnen Einblick in das Grundrecht des Lebens gewährt.
Gott hat sich dem Menschen gezeigt
und zu vernehmen gegeben in den ungezählten Formen,
Farben und Klängen seiner Schöpfung.
Ganz persönlich ließ er den Menschen sagen:
Beteiligt euch an keiner Untat, und kümmert euch liebevoll
um jeden, der euch braucht; denn das ist euer Nächster.
Gott begleitet seine Menschen, und nichts bleibt vor ihm im
Dunkeln. Allen Menschen, Völkern und Menschengruppen
hat er Bevollmächtigte zugewiesen.
Den Menschen aber, die ihm dienen,
hat er sich selbst als Herr des Lebens gezeigt.
Vor Gott ist nichts verborgen, weder die gleißende Sonne
noch die kleinen und oft dunklen Lebenswege
seiner geliebten Menschen.
Kleine und große Schlechtigkeiten bleiben
nicht unentdeckt, und alle geheimen, bösen Gedanken
kommen bei ihm ans Tageslicht. Ein guter Mensch
ist Gott so lieb wie uns ein kostbares Schmuckstück,
und gutes Handeln ist Gott so viel wert
wie uns der eigene Augapfel.
Am Ende des Lebens muß sich spätestens
jeder verantworten für alles, was er getan hat,
Punkt für Punkt, und alles wird seine Folge haben.
Wer einsichtig ist und Reue zeigt, trifft auf Gottes offene
Arme, und wer in seinem Leben Schwäche spürt
und wenig Hoffnung, der wird Gottes Obhut erfahren.
Deshalb wende dich Gott zu, und hör auf,
dich von ihm zu entfernen.
Rede mit Gott, und du wirst Frieden finden.
Suche deine innere Heimat ganz bei Gott,
und mach dich frei von allen falschen Überlegungen.

KEIN MENSCH IST WIE GOTT

Wer tot ist, kann Gott keine Lieder mehr singen.
Das können nur Lebende.
Tote nicht.
Wer lebt und seinen Herzschlag spürt,
der soll Gott loben.
Gottes Zuneigung ist ein einziges Wunder.
Das spüren die, die zu ihm halten.
Kein Mensch ist wie Gott;
denn alle Menschen müssen sterben.
Selbst die Sonne spendet nicht immer ihr Licht:
Sie geht unter, und sie verfinstert sich.
Wenn schon dieses lebenspendende Gestirn
nicht vollkommen ist,
wie könnte dann etwas vollkommen sein,
was aus biologischen Trieben oder Sehnsüchten entsteht?!
Die Kräfte des Universums
werden von der Schöpfungsordnung gesteuert.
Dagegen sind die Menschen klein und vergänglich.

NIEMAND KENNT DIE SCHÖPFUNG DURCH UND DURCH

Gott in seiner Unendlichkeit hat alles ins Leben gebracht.
In ihm allein ruht vollkommenes Wissen.
Niemand kennt die Schöpfung durch und durch.
Wer könnte schon alle Lebenswunder benennen?
Wer vermag die Lebensentwürfe Gottes zu durchschauen?
Wer könnte schon seine unermeßliche Wirkung messen?
Wer vermag die Liebe des Schöpfers
angemessen zu besingen?
Der Mensch kann grundsätzlich nichts an Gottes Werk
verändern, weder verkleinern noch vergrößern,
und seine Wunder können wir nur in ihren Spuren erkennen.
Selbst wenn ein Mensch sein ganzes Leben
dransetzen würde, Gottes Schöpfung zu erkennen,
dann müßte er am Ende sagen:
Ich habe nur den Saum berührt.
Aber was ist dann eigentlich der Mensch?
Wofür ist er gut? Was macht ihn sinnvoll oder gefährlich?
Ein langes Leben währt einhundert Jahre.
Aber diese Zeit ist wie ein Tropfen im Meer
oder wie ein Sandkörnchen im Blick auf die Ewigkeit.
Darum hat Gott ein weites Herz
und beschenkt seine Menschen mit unendlicher Liebe;
denn er weiß um unsere Angst vor dem Tod.
Umso mehr neigt er sich seinen Menschen mit Trost zu.
Wenn ein Mensch seine Liebe zeigt,
dann richtet sie sich auf einen Menschen.
Gottes Liebe aber richtet sich an die ganze Welt.
Er setzt die Signale für den richtigen Weg,
er setzt Ziele für ein sinnvolles Leben,
und er geht einem Menschen nach
wie ein Schäfer seiner Herde.
Gott bestätigt das Leben der Menschen,
die seinen Signalen folgen
und seine Weisungen in ihrem Herzen bewahren.

KÜHLES WASSER TUT DER STIRN GUT

Mein Freund, willst du jemandem wirklich helfen,
dann tu es, aber ohne an ihm herumzunörgeln.
Willst du einem Menschen etwas schenken,
dann tu es, aber ohne ihn zu beleidigen.
Kühles Wasser tut der Stirn gut, wenn sie heiß ist.
Oft ist ein gutes Wort besser als ein riesiges Geschenk.
Ein menschlicher Mensch wird beides spenden.
Ein Dummkopf dagegen macht herzlose Vorhaltungen,
und sein Geschenk, das nicht von Herzen kommt,
löst Tränen aus.

KLEINE UND GROSSE EINSICHTEN

Mache dich kundig, bevor du deinen Mund aufmachst.
Kümmere dich um einen gesunden Körper,
damit du nicht aus Sorglosigkeit erkrankst.
Halte redliche Einkehr, denk über dich selbst nach,
dann wirst du, wenn du dich für dein Leben verantworten
mußt, Gott auf deiner Seite haben.
Sei ehrfürchtig vor Gott,
noch bevor deine Kräfte abnehmen,
und besinne dich, wenn du vom Weg abkommst.
Löse ein Versprechen ein und warte damit nicht
bis an dein Ende.
Aber bevor du etwas versprichst, denke gut nach,
damit du dich nicht an Gott vorbei entscheidest.
Denn was sich vor Gott als Lüge oder Halbheit entlarvt,
wird auch vor ihm zu verantworten sein.
Wenn man bei Tisch gesättigt ist, sollte man nicht vergessen,
daß schlechte Zeiten kommen können.
Genauso können Wohlstand und Besitz
ganz schnell verloren gehen.
„Es kann vor Nacht leicht anders werden,
als es am frühen Morgen war",
wie es in einem Lied heißt.
Alles im menschlichen Leben ändert sich sehr schnell
im Vergleich zur bleibenden Ewigkeit Gottes.

AUF RUFWEITE ZU GOTT

Ein ehrfürchtiger und besonnener Mensch
übt in seinem Leben große Sorgfalt.
Während andere die Weisungen Gottes ausschlagen,
hält er sich vom Unrecht fern.
Wer Vernunft und Besonnenheit bewahrt,
der lebt wahrhaftig auf Rufweite zu Gott
und macht seinem Schöpfer alle Ehre.
Er wird auch andere anerkennen und respektieren,
wenn sie in solcher Besonnenheit leben.
Wer aus weisen Einsichten Erkenntnisse zieht,
wird selbst zum Erkenntnisträger und kann
anderen Menschen durch gute Worte Kraft geben.

FRISS UND SAUF DICH NICHT VOLL

Gib deinen bösen Sehnsüchten und Trieben nicht nach.
Leg deine Begierde an die Leine,
wie man einen bissigen Hund an die Leine nimmt.
Denn wenn du deinen ungezügelten Gefühlen freien Lauf
läßt, wirfst du dich sogar deinen Gegnern
zum spöttischen Gelächter vor.
Friß und sauf dich nicht voll, und mach die großen Gelage
und Sausen nur nicht zur Regel.
Du könntest schnell selbst auf der Straße landen
und darauf warten, daß jemand dir ein Almosen zuwirft.

DEN HOLEN DIE HAIE UND GEIER

Ein Mensch, der sich regelmäßig betrinkt, bringt es zu nichts.
Wer mit geringen Mitteln schlecht wirtschaftet,
ist bald ganz am Ende.
Alkohol und Sex zerstören selbst den besten Menschen.
Wer in Bordellen sein Zuhause sucht,
den holen die Haie und Geier.
Wer sein Leben so leichtsinnig aufs Spiel setzt,
kommt bald um.

SCHWEIGEN BRINGT DIR KEINEN SCHADEN

Wer vertrauensselig ist, der ist ein Leichtfuß.
Wer Gottes Weg außer acht läßt, der zerstört sein Leben.
Wer Freude an Bösartigkeiten hat,
den wird man links liegen lassen.
Wer andern nur etwas nachplappert,
zeigt nur seine Dummheit.
Hörst du etwas Belastendes, dann behalt es für dich.
Das Schweigen bringt dir keinen Schaden.
Behalt es wirklich für dich, gegenüber Freund und Feind,
und sage es nicht weiter, wenn du es verantworten kannst.
Man würde dir zuhören, wenn du reden würdest,
aber man würde sich von dir zurückziehen
und dich ablehnen. Hat man dir etwas anvertraut,
dann nimm dein Wissen sogar mit in den Tod.
Keine Sorge, von deinem Schweigen platzt du nicht.

Nur aus dem Munde eines Dummkopfes sprudelt
geheimes Wissen mit dem Drang zur Öffentlichkeit,
als müsse ein Kind geboren werden.
Wenn ein Dummkopf ein Geheimnis hüten soll,
dann ist es, als stecke ein Splitter in der Haut.
Er muß heraus.
Wenn du etwas von einem Menschen weißt,
das ihn belastet, dann sprich ihn an und frage ihn.
Vielleicht war er es ja gar nicht.
Aber wenn er es war, vielleicht kannst du
ihm helfen, seine Tat nicht zu wiederholen.
Wenn ein anderer Mensch etwas Belastendes gesagt
haben soll, dann gehe zu ihm und frage, ob es stimmt.
Vielleicht stammt das Gerede gar nicht von ihm;
und wenn doch, dann kannst du unter Umständen
dazu beitragen, daß er es nicht wiederholt.
In jedem Fall: Frage nach!
Denn Menschen zerreißen sich nur zu gern
das Maul über andere und verbreiten Gerüchte.
Vertraue nicht immer gleich dem, was andere Menschen
sagen. Wie ist es denn oft im Alltag:
Man sagt etwas leicht hin und meint es gar nicht so.
Wem wäre das noch nie passiert?
Sprich mit deinem Mitmenschen,
bevor du ihm etwas androhst.
Bedenke vor allem, was Gott von dir erwartet.

EHRFURCHT VOR GOTT UND VERANTWORTLICHES LEBEN

Das alte Wort Weisheit hat doppelte Bedeutung:
Ehrfurcht vor Gott und verantwortliches Leben.
Wer die Klaviatur des Bösen beherrscht, ist nicht weise.
Die Organisationen der Übeltäter haben absolut nichts
mit Gottes Weisheit und ihrer Wirkung zu tun.
Raffinesse ist es, was sie prägt, und wiederum ein
Dummkopf ist der, der das nicht durchschaut.
Besser klein an Verstand und groß in Ehrfurcht,
als groß an Schläue
und skrupellos im Umgang mit Gottes Weisungen.
Mancher ist schlau, aber dabei ein Halunke,
und er wendet alles so, wie er es haben will.
Er kann durchaus seriös wirken,
aber sein Herz ist voller Gift.
Er gibt sich bescheiden und vornehm, tut so,
als hätte er keine Ohren, aber in dem Augenblick,
in dem du nicht hinsiehst, sitzt du schon in der Falle.
Selbst wenn er im Augenblick noch nicht weiß,
wie er dich kriegt, so kommt doch die Zeit,
in der er es schafft.
Den Menschen steht es in den Augen,
was für einen Charakter sie haben.
Die Augen eines guten Menschen
sind wie ein Spiegel seiner Seele.
Selbst sein Äußeres, seine Art zu lachen
und sich zu bewegen,
sind Indizien für sein Wesen.

EIN VERSTÄNDIGER MENSCH WARTET AUF DEN RICHTIGEN AUGENBLICK

Es gibt Menschen, die kritisieren ihre Mitmenschen
gerne im falschen Augenblick.
Besser wäre es, den Mund zu halten.
Wenn schon, dann sollte Kritik offen sein.
Nur nicht inneren Unrat speichern.
Wenn der andere eine ehrliche, kritische Hilfe annehmen
will, dann hat sie auch ihr Gutes.
Wer etwas übers Knie brechen will, mit Gewalt,
der ist wie ein Jäger, der sein Gewehr nicht geladen hat.
Es gibt leise und wortkarge Menschen,
bei deren Schweigen man sich wohlfühlt.
Es gibt Vielredner und Wortgewandte,
bei deren Redefluß man eine Gänsehaut bekommt.
Schweigen kann einen doppelten Grund haben:
Nichts sagen, weil man nichts weiß,
oder schweigen,
weil man den richtigen Augenblick abwarten kann.
Ein verständiger Mensch wartet auf diesen richtigen
Augenblick. Das tun Angeber und Dummköpfe nicht.
Wer viele Worte macht, ohne etwas zu sagen,
erntet Ablehnung.
Wer sich mit vielen Worten in Szene setzen will,
züchtet sich Feinde.

MANCHER, DER GANZ UNTEN IST

Manchmal führt ein schweres Schicksal
zu guten Einsichten.
Manchmal führt großer Erfolg in die Katastrophe.
Es gibt Glück im Leben, das sich in Unglück verwandelt.
Dann wieder gibt es Erfolge, die sich vermehren.
Mancher, der ganz oben steht, stürzt tief.
Und mancher, der ganz unten ist, kommt nach oben.
Mancher ersteht für wenig viel.
Aber am Ende muß er es vielfach bezahlen.

WENN DIR EIN DUMMKOPF ETWAS SCHENKT

Ein ehrfürchtiger Mensch findet Freunde durch gute Worte.
Nette Worte von Dummköpfen dagegen sind hohl.
Wenn dir ein Dummkopf etwas schenkt,
dann hat das nicht viel Sinn;
denn mit einer Hand gibt er,
und als hätte er viele Hände,
so wartet er schon auf die Gegenleistung.
Sein Geschenk ist klein, aber er erwähnt es dauernd
und sagt es weiter wie ein Marktschreier.
Und wenn dir ein solcher Mensch mit einer Anleihe hilft,
dann will er es spätestens morgen schon wiederhaben.
Solche Menschen sind eklig.
Ein dummer Mensch beklagt sich sogar:
Niemand hält zu mir. Niemand bedankt sich.
Selbst die, die ich finanziere,
haben keine guten Worte für mich.
Solch ein Mensch wird obendrein von vielen verlacht.

STICHWORTE ZUR LEBENSORIENTIERUNG

Besser man kommt auf glattem Parkett zu Fall
als durch schlüpfrige Reden.
Den Übeltätern geht es so:
Schlagartig liegen sie flach.
Ein Dummkopf erweckt Aufmerksamkeit durch
oberflächliches Reden; das ist gang und gäbe
bei liederlichen Menschen.
Selbst wenn ein Dummkopf einmal etwas Richtiges sagt,
findet er keinen Anklang,
weil er den richtigen Augenblick versäumt hat.

Es gibt Menschen, die tun kein Unrecht,
nur weil ihnen die Mittel dazu fehlen.
Immerhin haben diese Menschen
kein schlechtes Gewissen.
Ein Habenichts riskiert unter Umständen sein Leben,
weil er Angst hat, als Außenseiter verschrien zu werden.
Wenn er an skrupellose Menschen gerät,
geht er daran zugrunde.
Mancher schämt sich, zu seiner Armut zu stehen,
und macht dann einem Freund falsche Versprechungen,
die er ja nicht halten kann.
Dann verwandelt sich der Freund zum Feind.

Wer lügt, beschmutzt sich selbst.
Doch muß man wissen: Die Lüge gehört zum festen
Repertoire von Menschen mit inhaltsloser Erziehung.
Deshalb ist ein Mensch, der unentwegt lügt,
verabscheuungswürdiger als einer, der stiehlt.
Aber schließlich verlieren beide am Ende ihr Leben.
Ein Lügner hat keine Würde. Lüge wird zur Sucht.
Man kann damit nicht aufhören.

Ein besonnener Mensch erlangt schon Würde durch die Art,
wie er spricht. Wenn er dazu Verstand zeigt,
erwirbt er sich hohes Ansehen bei Vorgesetzten.
Durch solche Lebensart kann man sogar vieles,
was falsch war, wieder in Ordnung bringen.
Geschenke und Zuweisungen haben auch bei klugen
Menschen auf Dauer die Wirkung der Bestechung.
Sie begeben sich in die Abhängigkeit von anderen
und können nicht mehr frei sprechen.

Als wäre Gold versteckt und Wahrhaftigkeit gefangen.
Beides nützt dann keinem etwas.
Die eigene Dummheit geheimzuhalten –
dagegen ist wenig zu sagen.
Aber seine gute innere Haltung zu verdecken, taugt nichts.

VERFEHLUNGEN AM SAKRAMENT DES LEBENS

Mein Freund, wenn du Fehler begangen und dich
vor Gott und den Menschen verfehlt und verrannt hast,
dann mach ein Ende damit.
Bitte Gott und die Menschen, dir zu vergeben.
Meide die Verfehlungen wie eine Tretmine,
die dich bei der leisesten Berührung zerfetzt.
Ihre Vernichtungsgewalt ist tödlich.
Verfehlungen am Sakrament des Lebens
sind wie Gift. Jede Rettung kommt zu spät.
Gewalttäter und Übeltäter zerstören schließlich sich selbst
und werden klein und endlich nichts.
Wer die Nase hoch trägt und angibt,
bringt sich am Ende um seinen Besitz.
Ein Mensch in Not wird dagegen Gott
auf seiner Seite haben.
Wer dies nicht einsieht, ist schon dabei,
sich gegen Gott zu stellen.
Der Ehrfürchtige aber nimmt die Erkenntnis in seine Seele.
Wer aus Verantwortung spricht, findet weithin Echo,
und ein verständiger Mensch spürt sofort,
wenn er falsche Töne angeschlagen hat.
Wer sich Haus und Betrieb baut mit Unterschlagung
oder Steuermitteln oder ungedeckten Wechseln,
der zimmert bereits an seinem eigenen Sarg.
Menschen, die sich so an Gottes Lebensweisungen
vergehen, sind wie Müll auf der Deponie der Gesellschaft.
Solchen Menschen geht es zwar über weite Strecken
des Lebens ganz ausgezeichnet,
aber am Ende ist ihr Leben hohl und leer.
Vereinsamung und Entsetzen: Das ist die Hölle.

WEISHEIT UND DUMMHEIT

Wer sich nach Gottes Weisungen richtet,
will seinen Kopf auch nicht gegen Gott durchsetzen.
Vor Gott Ehrfurcht zu hegen –
das ist bereits Glaube im Vollzug.
Wer sich dagegen stemmt, hat auch dieses Ziel verloren.
Solche Menschen mögen sich schlau vorkommen,
aber diese Schläue ruft viel Enttäuschung hervor.
Erkenntnis aus Glauben dagegen ist wie ein ständig
wachsender Strom mit immer neuer Bewegung.
Wenn ein Mensch aus solcher Erkenntnis spricht und rät,
dann ist es, als sprudele frisches Quellwasser aus ihm.
Das Innenleben von einem Dummkopf ist
wie ein Gefäß mit einem Loch.
Ein solcher Mensch kann die Lebensweisheit nicht
bewahren. Wenn ein verständiger Mensch
gute Erkenntnisse vernimmt, dann freut er sich darüber
und ergänzt sie, wenn möglich.
Lebt einer aber aus dem Vollen bis zum Überdruß,
dann hält er nichts von guter Einsicht
und wendet sich von ihr ab.

Worte eines törichten Menschen drücken und kneifen
wie ein schlecht sitzender Schuh.
Wenn aber ein besonnener Mensch etwas sagt,
dann ist man gern ganz Ohr.
In einer Runde achtet man gern auf das,
was ein verständiger Mensch äußert,
und was er empfiehlt, nimmt man gern an.
Für einen törichten Menschen ist Glaubenseinsicht
wie ein leerstehendes Gebäude. Folgerichtig hört man
von ihm nur leeres Gewäsch und Worthülsen.

Will man einen solchen Menschen in die Herzensbildung
einbeziehen, dann stellt er sich an wie ein junges Pferd,
dem man Sattel und Trense anlegt.
Ein verständiger Mensch dagegen begreift sofort,
daß Einsicht und Erkenntnis wie Juwelen oder Perlen sind.
Umgekehrt: Ein Dummkopf wird leicht aufdringlich,
ein Einsichtiger dagegen wahrt Anstand.
Ein Dummkopf ist neugierig ohne jede Hemmung.
Ein verständiger Mensch dagegen kennt seine Grenzen.
Unmöglich ist es, wenn man durch Schlüssellöcher
sehen will. Für einen ehrfürchtigen Menschen
wäre dies sogar ein Grund, sich selbst zu verachten.
Es gibt Menschen, die viele Worte über etwas machen,
wovon sie keine Ahnung haben.
Ein verantwortlicher Mensch wird wohlüberlegt sprechen
und seine Aussagen sorgfältig abwägen.
Nur ein Narr sagt schnell, was er eben gerade fühlt.
Ein besonnener Mensch behält die Worte lange in sich.
Ein Dummkopf hat ein peinlich lautes Gelächter
und schlägt sich auf die Schenkel, wenn er wiehert
wie eine rossige Stute. Ein Weiser dagegen lächelt leise.
Wenn ein Gewissenloser seinen Feind zur Hölle wünscht,
dann fällt es auf ihn zurück.
Einer, der Übles über andere redet,
bringt sich selbst in Verruf,
und niemand will etwas mit ihm zu tun haben.

WIE FRÖHLICHE MUSIK

Ein Mensch, der rundum faul ist, ist wie ein Stein
mit einem Hundehaufen drauf,
und jeder rümpft die Nase.
Ein Mensch, der rundum faul ist, ist wie ein Kuhfladen.
Wer den in die Hand nimmt, muß sich die Hand waschen.
Faule Kinder werfen ein schlechtes Licht auf die Eltern.
Gute Kinder werden auch gute Partner finden.
Harte Kinder und kaltschnäuzige bringen ihren Partnern
und ihren Eltern viel Leid.
Ein gutes Wort, das einen traurigen Menschen erreicht,
ist wie fröhliche Musik.
Alles in allem:
Konsequente Erziehung ist zu allen Zeiten
unendlich viel wert.

WAS WIEGT SCHWERER ALS BLEI?

Wer einem törichten Menschen zu Erkenntnissen
verhelfen will, ist wie jemand, der einen zerbrochenen Krug
wieder kleben will. Oder auch wie einer,
der jemanden aus dem Tiefschlaf wecken möchte.
Wer sich mit einem solchen Menschen unterhalten will,
spricht in den Nebel.
Denn schließlich fragt der andere nur: Ist was?
Trauere über einen toten Menschen,
denn sein Lebenslicht ist verloschen.
Zeige aber auch Trauer über einen törichten Menschen,
denn sein Geist ist dunkel.

Über einen toten Menschen soll man sich nicht
in Trauer verzehren; denn er hat ja nun seinen Frieden.
Aber das Leben eines törichten Menschen
kann schwieriger sein als der Tod.
Jede Trauer über einen Toten hat ihre eigene Frist.
Aber die Traurigkeit über den Dummkopf ist ohne Ende.
Wechsele nicht viele Worte mit einem Tolpatsch,
und verkehre nicht mit Menschen,
die keine Vernunft zeigen.
Nimm dich in acht vor solchem Menschen,
daß er dir nicht Kummer macht und Sorgen
und schließlich dein Leben beschmutzt mit seinem Geifer.
Halte dich von ihm fern,
dann bekommst du auch keinen Ärger
und bringst dich auch nicht in Gefahr
durch seine Dummheit.
Was wiegt schwerer als Blei?
Kann man solch einen Menschen anders
als Holzklotz oder Giftschleuder bezeichnen?
Es ist leichter, Sand, Salz oder Eisen zu schleppen,
als einen törichten Menschen auszuhalten.

GEWISSHEIT UND HALT

Wie ein gut gebautes Haus einem starken Sturm standhält,
so übersteht auch ein festes Herz die Gefahren der Zeit
ohne Angst.
Wie ein guter Anstrich der Witterung widersteht,
so bleibt auch ein Mensch in sich gewiß,
wenn er die tragenden Lebenseinsichten bewahrt.

VOM WESEN DER FREUNDSCHAFT

Man kann einen anderen Menschen böse treffen,
und er weint darüber.
Man kann einen anderen Menschen tief verletzen,
und er ist traurig.
Man kann einen Stein zwischen Vögel werfen,
und sie fliegen davon.
Man kann einen Freund beleidigen,
und er ist kein Freund mehr.
Selbst wenn du das Leben deines Freundes bedrohst –
die Hoffnung bleibt immer,
daß ihr wieder zueinander findet.
Bist du einem Freund gegenüber laut geworden,
gib nicht auf: Alles kommt wieder ins Lot.
Es gibt jedoch Wunden, die nicht verheilen:
Wenn du deinen Freund erniedrigst,
wenn du ihn verachtest,
wenn du weitersagst, was er dir anvertraut hat,
wenn du ihm Übles nachsagst.

In der Not solltest du dicht neben deinem Freund stehen.
Dann könnt ihr euch auch gemeinsam freuen,
wenn es bergauf geht.
Teile mit ihm schlimme Zeiten,
dann erlebt ihr auch gute miteinander.
Vieles kann man buchstäblich im voraus riechen:
Der Weg von der Erniedrigung bis zur Rache ist nicht weit.
Es ist wie bei einem Brand:
Den kann man auch schon von weitem riechen.
Ich scheue mich nicht, meinen Freund zu beschützen
und lasse ihn nicht im Stich.
Bekomme ich aber von anderen Schwierigkeiten
seinetwegen, dann soll sich jeder in acht nehmen,
der sich darüber freut.
In heiklen Situationen wünschte ich mir, mein Mund hätte
ein Vorhängeschloß und meine Lippen wären versiegelt,
damit ich mir nicht selbst schade
und mein Gerede mich nicht zerstört.

EIN GEBET UM EINDEUTIGES LEBEN

Gott, mein Vater und Herr über mein Leben:
Sei dicht bei mir,
wenn andere mich vom Weg abbringen wollen.
Ich will ihnen nicht anheimfallen.
Manchmal wünschte ich mir,
ich könnte meinen schlechten Gedanken Hiebe versetzen,
damit sie wieder offen werden
für deine Wahrheit und Liebe.
Für meine Verfehlungen
möchte ich nicht ungeschoren davonkommen.
Meine Dummheiten sollen sich auch nicht vermehren
und meine Verirrungen sich nicht vergrößern.
Ich will nicht vor schlechten Menschen schwach werden.
Sie sollen nicht noch über mich lachen.
Herr, mein Vater und Gott meines Lebens:
Laß mich Widerstand üben gegen alle Begehrlichkeit
und zerstörerischen Sehnsüchte.
Hilf mir, gefährliche Triebhaftigkeit
und zügellose Schamlosigkeit zu überwinden.

VERGISS NICHT, WEM DU DEIN LEBEN VERDANKST

Freunde, lernt die Zunge zu wahren; denn wer das schafft,
wird sich im eigenen Gerede nicht verheddern.
Denn so geht es den Disziplinlosen,
die keine Verantwortung spüren,
und den Gewissenlosen und Hochnäsigen
geht es genauso.
Aber sie alle schlagen dabei lang hin.
Hebe auch nicht bei jeder Gelegenheit gleich drei Finger
zum Schwur, und benutze vor allem nicht immerzu
den Namen Gottes.
Wie die Haut, die geschlagen wird, Striemen behält,
so haftet auch dem ein Makel an,
der oft zum Schwur bereit ist
und den Namen Gottes pausenlos im Munde führt.
Wer das tut, macht sich schuldig,
und das hat schlimme Folgen für die ganze Familie.
Selbst wenn der Mensch so etwas unbewußt tut,
bleibt es doch eine Abkehr vom Weg Gottes.
Steht er dann nicht zu seinem Versprechen,
dann ist die Schuld doppelt groß.
Ist sein Schwur aber glatte Lüge, dann findet er selbst keine
Ruhe, und die Folgen werden für seine Familie zur Strafe.
Es gibt Menschen, die reden so kalt und hart,
als wäre es die Berührung des Todes.
Davor bewahre uns Gott.
Die Ehrfürchtigen aber meiden diese Gefahren
und beflecken sich nicht mit dem Schmutz
der Gewissenlosigkeit.

Freunde, laßt dreckige Witze oder gemeine Reden
nicht zur Gewohnheit werden; sonst landet ihr im Abseits.
Vergiß auch nicht, wem du dein Leben verdankst, deinen
Eltern, wenn du in guter Runde mit anderen zusammensitzt,
damit du vor ihren Augen nicht allen Anstand verlierst
und dich durch dein Auftreten zum Gespött machst
und schließlich viel darum gäbst, nie geboren zu sein.
Wer schandbare Rede zur Gewohnheit werden läßt,
kommt nie wieder davon los.

ES GIBT MENSCHEN....

Es gibt Menschen, die machen sich
auf sehr unterschiedliche Art schuldig:
Die einen sind geil und unersättlich
und sind wie ein Flächenbrand, der sie selbst vernichtet.
Ein anderer beutet seinen eigenen Körper sinnlos aus
und treibt Schindluder mit sich selbst,
bis er daran zugrunde geht.
Andere wieder kennen überhaupt keine Grenzen.
Die sagen sich: Bei Nacht sind alle Katzen grau.
Dann ist es plötzlich aus mit ihnen. Wieder ein anderer
treibt's mit einer fremden Frau und denkt bei sich:
Mich sieht ja keiner. Warum also Rücksicht nehmen?
Die Hauptsache ist, es sieht keiner.
Gott – nun, der kümmert sich sowieso nicht um mich.
Ein solcher Mensch macht sich nicht klar,
daß vor Gott alles offen zutage liegt
und nichts verborgen bleibt.
Anfang und Ende aller Dinge sind Gott bekannt.
Ein solcher Mensch ist eine öffentliche Schande.
Man wird sich ihn schnappen, schneller, als er denkt.
Für eine Frau gilt nichts anderes.
Wenn sie im fremden Bett schwanger wird,
dann hat sie auch Gottes Weisung nicht beachtet,
und sie hat ihren eigenen Mann verraten.
Eine solche Frau steht in der Öffentlichkeit schlecht da.
Ihre Kinder müssen für das, was sie tat, geradestehen.
Diese Kinder verlieren die Wurzeln ihres Lebens,
sie können nicht in Ruhe aufwachsen.
An eine solche Frau erinnert man sich nicht gern.
Der Makel ihrer Tat bleibt.
Spätere Generationen können daraus die Bedeutung
von Ehrfurcht und Wahrhaftigkeit lernen und begreifen,
wie gut es tut, wenn man sich an Gottes Weisungen hält.

WEISHEIT IST GOTTES GESCHENK

Weisheit im Glauben und im Alltag ist ein Geschenk Gottes.
Sie verschafft sich selbst ihr Ansehen unter den Menschen.
Sie findet Sprache und Ausdruck in der Gemeinde Gottes,
und vor den Engeln, seinen guten Kräften,
kann sie von sich sagen:
Ich stamme von Gott und lag über der Welt wie eine Matte.
Ich war zu Hause bei Gott und in seinem Glanz.
Ich durchzog und durchwebte alles Geschaffene,
ich durchmaß alle Tiefen.
Auf den Meeren und auf der Erde, unter den Menschen
und in allen Nationen wurde ich willkommen geheißen.
Überall suchte ich eine Bleibe, und wenigstens bei einem
wollte ich ganz bleiben. Da sagte mir Gott, mein Schöpfer,
daß ich in Tempeln und Kirchen zu Hause sein sollte,
bei frommen und guten Menschen,
überall, wo ich ein Volk antreffe, das zu seinem Gott hält.
Vor dem Anfang aller Anfänge war ich bei Gott
und werde bei ihm bleiben
bis in die Vollendung der Ewigkeit hinein.
In der heiligen Stadt habe ich Wurzeln geschlagen
und Menschen angetroffen, bei denen ich wohnen konnte.
Ich habe mich angesiedelt bei Menschen, die Gott dienen.
Ich bin dabei gewachsen wie ein herrlicher Baum
im Gebirge und wie eine schöne Blume im Tal.
Wie eine Palme wuchs ich empor
und blühte wie eine wundervolle Rose.
Wie ein kostbarer Ölbaum stand ich,
und wie eine breitwipfelige Platane bot ich Obhut.
Ich duftete wie die schönsten Gewürze
und strömte den Geruch köstlicher Myrrhe aus.
Ich stand wie im vollen Schmuck
und wirkte wie heilsames Gebräu.
Ich breitete meine Flügel aus wie ein unsichtbarer Engel.
Ich trug bei den Menschen Frucht wie ein Weinstock.
Ich, die Weisheit, Gottes Geschenk,
ich lade euch ein: Kommt zu mir mit eurer Sehnsucht.
Nehmt in euch auf, was ich euch biete.

Schon der Gedanke an mich ist süßer als Honig,
und der Gedanke mit mir ist herrlicher als süßer Wein.
Wer mein Geschenk einmal annimmt,
wird immer auf mich warten.
Wer sich einmal auf mich einläßt,
kann nicht mehr ohne mich leben.
Wer sich nach mir richtet,
wird den Sinn des Lebens nicht verlieren.
Wer in meinem Namen handelt, verirrt sich nicht.
Das alles hat Gott in seinem Bündnis für die Menschen
besiegelt. Es sind seine Weisungen von Moses Zeiten an.
Gott verströmt Weisheit und Glauben, wie ein Fluß seine
Wasser führt. Mit seinem Geschenk macht Gott alles neu
wie der Frühling die Natur.
Wie ein großer Fluß über die Ufer tritt
und die Krume fruchtbar macht, so überschwemmt die
Weisheit Gottes die Welt mit den Gedanken der Ehrfurcht.
Nie hat ein Mensch die Tiefen dieser Weisheit erkannt,
und es wird auch nie einem Menschen gelingen.
Die Dimensionen der Weisheit Gottes
sind unendlich größer als der Mensch
und unendlich tiefer als der tiefste Abgrund.

Ich, Gottes Weisheit,
brach aus dem Schöpfer heraus wie das Wasser
eines neuen Flusses und wie ein freundlicher Bach,
der einen Garten netzen soll.
Ich, Gottes Weisheit, beschloß:
Ich will die Menschen durchädern,
ich will ihnen Nahrung für ihre Seele geben.
Da wuchs meine Kraft, und meine Wirkung nahm zu.
Meine Erkenntnisse werden in der Welt zu Licht und Signal,
und meine Wahrheit leuchtet wie die Morgensonne.
Aus meinem Füllhorn spende ich meinen Segen,
den Segen Gottes, und erkläre ihn zu meinem Vermächtnis
für kommende Generationen.
Ich wirke im Namen Gottes, meines Schöpfers,
und was ich tue, tue ich nicht für mich,
sondern für alle, die ihre Seelen öffnen für meine Wahrheit.

ECHO BEI GOTT UND DEN MENSCHEN

Drei Dinge finden gutes Echo bei Gott und den Menschen:
Wenn Geschwister sich gut verstehen;
wenn Nachbarn gut miteinander auskommen;
wenn Eheleute gut miteinander leben.
Drei Dinge gibt es dagegen, die kein Echo finden
bei Gott und den Menschen:
Wenn ein kleiner Mensch seine Nase hoch trägt;
wenn ein reicher Mensch voller Lügen steckt;
wenn ein alter Mann in eine Ehe einbricht.

WÜRDE UND ERFAHRUNG

Was du, wenn du jung bist, nicht vorbereitest,
wirst du im Alter nicht haben.
Wie gut tut es, wenn Weißhaarige gutes Urteil sprechen
und alte Menschen sinnvoll raten können.
Wie wohltuend wirkt bei Greisen die Weisheit
und bei Wohlangesehenen Besonnenheit und guter Rat.
Alte Menschen zeigen Würde,
wenn sie ihre Erfahrung weitergeben,
und es macht sie glaubwürdig,
wenn sie Ehrfurcht vor Gott haben.

EHRFURCHT VOR GOTT STEHT ÜBER ALLEM

Es kommen mir Dinge in den Sinn,
die ich gern rühme:
Ein Mensch, dem seine Kinder Freude bereiten.
Ein Mensch, der das Scheitern seiner Feinde erlebt.
Ein Mensch, der gut verheiratet ist.
Ein Mensch, der sich mit seinen Worten
nicht aufs Glatteis begibt.
Ein Mensch, der nicht abhängig ist von Menschen,
die nichts taugen.
Gut dran ist der, der einen verläßlichen Freund hat.
Gut dran ist der, dem Vernunft gegeben ist.
Gut dran ist der, der Weisheit weitergibt, wenn man sie sucht.
Größe hat, der in Ehrfurcht lebt.
Kein Mensch steht höher als der,
der in Ehrfurcht vor Gott lebt.
Ehrfurcht vor Gott steht über allem.
Wer sie lebt, hält jedem Vergleich stand.

EINE FRAU

Kein Kummer ist so groß wie die Traurigkeit des Herzens.
Aber keine Gemeinheit trifft einen Mann so tief
wie die Bösartigkeit einer Frau.
Im allgemeinen ist ohnehin keine Erfahrung
so niederschmetternd wie die Erfahrung des Hasses
und der Entwürdigung.
Ebenso allgemein ist die Erkenntnis,
daß keine Heimtücke so uferlos ist
wie die Heimtücke von Gegnern.
Kein Gift ist tödlicher als das der schwarzen Mamba,
aber es ist auch keine Aggression gefährlicher
als die von Gegnern.
Ich glaube, ich würde lieber zusammen mit gefährlichen
und giftigen Tieren leben als mit einer bösen Frau.
Wenn eine Frau explodiert, dann verzerrt sich ihr Gesicht
zu einer Maske, ja, zu einer Fratze,
und sie gebärdet sich wie ein Raubtier.
Ihr Mann wird vor Enttäuschung stöhnen,
selbst wenn er mitten unter guten Freunden
einen Abend verbringt.
Alle Durchtriebenheit ist nichts
gegen die Durchtriebenheit einer bösartigen Frau.
Sie gehört in die Reihe der Gewissenlosen.
Eine geschwätzige Frau ist für einen leisen Mann
wie ein Sandweg bergauf für einen alten Menschen.
Laß dich nicht von der Schönheit einer Frau blenden,
und träume nicht von ihr wegen ihrer Figur.
Wenn eine Frau das Sagen hat, gibt es ständig Konflikte,
Vorhaltungen und letztlich Ehrverlust.
Eine durchtriebene Frau verursacht Kummer,
Seelenschaden und tiefe Traurigkeit.
Eine Frau, die ihren Mann nicht glücklich macht,
lähmt seine Schaffenskraft
und macht ihn zum Schatten seiner selbst.

Wie man so landläufig sagt:
Alles begann schon im Paradies,
und die schrecklichen Folgen dauern bis heute an.
Wie man Deiche gegen die Flut baut,
so sollte man einer bösartigen Frau auch Einhalt gebieten.
Sieht sie das nicht ein,
dann mach dem Theater ein Ende.

(Gilt das alles nicht auch für Männer? *Der Autor)*

FRAUEN

Gut dran ist der, der eine gute Frau hat.
Sein Leben findet doppelt Erfüllung.
Eine patente Frau ist Licht im Alltag ihres Mannes.
Er kann in seinem Leben sehr zufrieden sein.
Eine verläßliche Frau ist ein einzigartiges Geschenk,
und wer Ehrfurcht vor Gott hat, wird solche Frau gewinnen.
Dann spielen Reichtum oder Armut keine Rolle.
Freude prägt das Leben.
Aber es gibt Dinge, die mir Angst machen
und vor denen mich ekelt: falsches Getratsche im Ort,
Massenaufläufe oder üble Nachrede.
Alles noch schlimmer als der Tod.
Wirklichen Verdruß aber bereiten Frauen,
die gegeneinander hetzen. Sie haben eine scharfe Zunge.
Eine durchtriebene Frau ist wie ein falsch sitzender
Rucksack. Er drückt und zieht.
Wer sie heiratet, heiratet einen Skorpion.
Eine betrunkene Frau macht Schande.
Sie wird sich auch nicht scheuen, sich zu prostituieren.
Eine liebestolle Frau erkennt man schon an ihrem Blick
und an ihrer aufreizenden Haltung.
Wenn deine Tochter zu freizügig lebt, dann paß gut auf,
daß sie deine Geduld nicht mißbraucht.

Wenn du spürst, daß sie ausbricht, dann gib gut acht
und sei nicht überrascht, wenn sie dich in Verruf bringt.
Wie einer nach einem langen Weg durstig wird
und sich in jede beliebige Kneipe setzt,
so zeigt eine solche Frau ihren körperlichen Durst
bei jeder Gelegenheit.
Eine liebevolle Frau dagegen macht ihrem Mann Freude,
und wenn sie ihn wirklich versteht, bringt es Lebenserfüllung.
Eine Frau, die Geheimnisse bewahren kann,
ist auch ein Geschenk Gottes.
Eine Frau mit Herzensbildung ist unendlich kostbar.
Es gibt nichts Beeindruckenderes in dieser Welt
als eine Frau, die weiß, wer sie ist.
Eine solche Frau muß keinen Vergleich scheuen.
Wie der Sonnenaufgang eine Loblied auf den Schöpfer ist,
so ist eine verläßliche Frau der Glanz ihrer Familie.
Ein gutes Gesicht, das zu einer stimmigen Gestalt gehört,
ist wie ein helles Licht in einem heiligen Raum.
Eine gute Figur macht eine schöne Frau
zu einer liebenswerten Skulptur der Bewunderung.

BEI GOTT KEINEN STEIN IM BRETT

Es gibt Dinge, die kann ich nicht ertragen:
Wenn man einen ordentlichen Menschen leiden läßt.
Wenn man vernünftige Menschen schließlich verachtet.
Und wenn sich ein Mensch aus der Ehrfurcht verabschiedet
und dem liederlichen Leben zuwendet.
Der hat bei Gott keinen Stein im Brett.
Dennoch muß man so realistisch sein:
Ein Händler kann sich kaum
aus Schwierigkeiten heraushalten,
und ein Geschäftsmann ist nicht frei von Versuchungen.
Menschen werden schnell zu Betrügern,
wenn sie etwas für sich herausschinden wollen.
Aus Profitgier läßt man gern fünf gerade sein.
Wie ein Haken zwischen zwei Mauersteine getrieben wird,
so schleicht sich Unrecht oft zwischen die Partner
eines Geschäftsabschlusses.
Wer in geschäftlichen Dingen keine Ehrfurcht
vor Gott und den Menschen praktiziert,
der verspielt alsbald Haus und Hof.

WORTE SIND SPIEGEL DES CHARAKTERS

Beim Sieben bleibt Abfall.
Beim Sieb unseres Denkens
gibt es auch solche Rückstände.
Wie sich neue Töpfe auf einem Herd erst bewähren
müssen, so kann man einen Menschen
an seiner Redeweise erkennen.
Wie man an der Frucht erkennt,
ob ein Baum gut versorgt wurde,
so erkennt man an den Worten eines Menschen
den Zustand seines Herzens.
Rühme einen Menschen nicht, bevor du gehört hast,
wie und was er redet.
Denn nochmals: Worte sind der Spiegel des Charakters.
Strebst du nach wahrhaftiger Lebenseinstellung,
dann wirst du sie auch finden,
und du wirst dich mit ihr umgeben
wie mit einem neuen Gewand.
Schon jedes Tier hält sich zu seinen Artgenossen;
um wieviel mehr wird sich die Wahrheit
bei denen ansiedeln, die sie verwirklichen.
Wie eine Raubkatze auf ihr Opfer lauert,
so sitzt die teuflische Gewalt stets auf dem Sprung
auf anfällige Menschen.
Ein ehrfürchtiger und gewissenhafter Mensch
spricht nur aus, was er vor Gott verantworten kann.
Ein Dummkopf dagegen wechselt seine Einstellung
wie ein Chamäleon seine Farbe.

Bist du zufällig unter törichten Leuten,
dann verabschiede dich recht bald;
sitzt du aber mit vernünftigen zusammen,
dann sieh nicht auf die Uhr.
Das Geschwätz von Dummköpfen ist unerträglich hohl,
ihr Gewäsch ist nicht zu ertragen;
und ihr Gelächter ist mehr als peinlich,
wenn sie sich im Unrat suhlen.
Ihre angeblich heiligen Schwüre lassen einen schaudern,
und ihre Konflikte sind schrill und ekelhaft.
Wenn Angeber aufeinander losgehen,
dann gibt es oft genug sogar Tote.
Die Beleidigungen, mit denen sie sich belegen,
sind mehr als trivial.

ÖFFNE DIE HAND, UND DER VOGEL FLIEGT WEG

Wer weitererzählt, was ihm anvertraut wurde,
wird nicht nur restlos unglaubwürdig,
sondern verliert auch seinen besten Freund.
Zu einem wirklichen Freund mußt du treu halten
mit all deiner Liebenswürdigkeit.
Wenn du aber nicht für dich behältst,
was er dir als Geheimnis ans Herz gelegt hat,
wird es dir nichts nutzen,
auch wenn du ihm noch so lange nachläufst.
Wie Feinde sich gegenseitig zerstören, so zerstörst du
in solchem Falle das Fundament einer Freundschaft
mit einem so nahen Menschen.
Öffne die Hand, und der Vogel fliegt weg.
Öffne deinen Mund, und dein Freund ist fort.
Zurückgewinnen kannst du ihn nicht.
Versuche es gar nicht erst.
Er hält sich von dir fern wie ein Stück Wild von dem Jäger.
Das meiste, was wehtut, läßt sich verarzten;
viele Fehler kann man wieder gutmachen,
aber bei einem Geheimnisverrat geht das nicht.

UND LACHEN UND LACHEN UND LACHEN

Wer in vermeintlich unbeobachteten Augenblicken
Winke mit den Augen verteilt, der plant Übles,
und keiner kann es ihm ausreden.
Dir ins Gesicht raspelt er Süßholz, hinterrücks aber spricht er
völlig anders und verdreht auch noch, was du gesagt hast.
Vieles gibt es, was ich verabscheue, aber nichts
verabscheue ich so wie einen solchen Menschen.
Ich bin davon überzeugt: Gott verabscheut ihn auch.
Ein Trost bleibt:
Wer ein Gewicht hoch wirft, dem fällt es auf den Kopf.
Wer hinterlistig das Messer zückt, verletzt sich selbst.
Wer andern eine Grube gräbt, fällt selbst hinein.
Wer andern eine Schlinge legt, würgt sich selbst.
Wer andere zu Schaden bringen will,
muß dies schließlich am eigenen Leibe ausbaden,
ohne daß er begreift, was da mit ihm geschieht.
Angeber und Hinterlistige machen sich ihren Spaß
und lachen und lachen und lachen. Aber das, was sie
verdienen, wartet schon auf sie wie eine Spinne im Netz.
Menschen, die noch Schadenfreude zeigen, wenn es den
Guten schlecht geht, fangen sich in ihrer eigenen Brutalität,
und wenn sie ans Sterben kommen,
werden sie große Angst haben.

GOTT WIRD DIR JA AUCH VERGEBEN

Aggression und Gewalttätigkeit sind ekelhaft.
Aber Menschen ohne Ehrfurcht und Gewissen leben darin.
Ähnlich sind Menschen, die auf Vergeltung sinnen.
Aber denen wird widerfahren, was sie selbst tun,
und Gott wendet sich von ihnen ab.
Tut ein freundlicher Mensch dir weh, dann vergib ihm.
Gott wird dir ja auch vergeben, wenn du ihn darum bittest.
Wie sollte Gott denn einem Menschen gnädig sein,
der seinem Mitmenschen nicht vergibt?!
Wie kann ein Mensch um Vergebung für die eigenen
Verfehlungen bitten, wenn er keine Vergebung
für seinen Nächsten bereithält?

WENN MAN ÖL INS FEUER GIESST

Ausbrüche wie Jähzorn sind Folgen ungezügelter Emotionen
und ein Zeichen für biologische Triebhaftigkeit.
Dazu paßt doch Vergebung nicht mehr.
Mein Freund, bedenke immer, daß auch unser Leben
ein Ende hat, und vermeide den Haß.
Denke wirklich an die Begrenzung deines Lebens,
und orientiere dich immer an den Weisungen Gottes.
Laß das Gebot der Nächstenliebe in deinem Herzen
wohnen, und räume aus,
was du gegen deinen Mitmenschen hast.
Erinnere dich daran, wie Gott dir begegnet, und vergib, was
dir dein Nachbar vielleicht sogar unbewußt angetan hat.
Halte dich selbst aus Konflikten heraus, und du minderst die
Gefahr, dich in grundsätzliche Widersprüche zu bringen.
Rücksichtslose und emotionsgeladene Menschen schüren
Konflikte, bringen es fertig, beste Freunde zu entzweien,
und säen Zwietracht zwischen denen, die Frieden haben.
Wenn man Öl ins Feuer gießt, wird es größer;
wer eine Auseinandersetzung anheizt, verstärkt sie nur noch.
Mächtige sind schnell im Zorn entbrannt.
Reiche Leute genauso.
Wer sich unbedacht zu Streit hinreißen läßt,
wird zum Brandstifter, und mancher Konflikt
wächst zur blutigen Auseinandersetzung.
Pustest du in die Glut, dann entsteht Feuer.
Spuckst du aber darauf, dann verlischt sie.
Beide Möglichkeiten hast du mit deinem Mund.
Verwünschen müßte man Menschen,
die andere um den guten Ruf bringen,
und verwünschen sollte man Menschen,
die mit gespaltener Zunge reden;
denn solche Menschen vernichten soviel an Gutem.

Es gibt sogar Leute, die scheinen drei Zungen zu haben;
die zerstören ganze Existenzen
und machen Menschen heimatlos.
Diese Typen vergiften ganze Gemeinwesen
und vernichten feste Grundlagen.
Diese schlimmen dreizüngigen Menschen
haben nicht einmal Respekt vor guten
und gewissenhaften Frauen; mehr noch,
sie nehmen ihnen, was sie sich redlich erarbeitet haben.
Wer auf solche Leute hört, kommt nicht mehr zur Ruhe
und verliert allen Frieden des Lebens.
Ein Stockhieb zeichnet den Rücken,
aber eine böse Zunge zerstört das Rückgrat.
In den Kriegen hat es viele Gefallene gegeben.
Aber mehr sind umgekommen durch böse Zungen.
Gut dran ist der Mensch, der von solchem Schicksal
verschont bleibt, und der diese Last nicht ertragen muß;
gut dran ist, wer darin nicht gefangen ist.
Denn das Gefängnis der Dreizüngigkeit ist hart
und nicht zu brechen.
Wer daran stirbt, hat hart zu leiden gehabt.
Immerhin besser, als darin leben zu müssen.
Wer Ehrfurcht vor Gott hat, wird dieser Gefahr nicht erliegen
und wird in diesem Sumpf auch nicht umkommen.
Wer aber Gott die Gefolgschaft aufkündigt,
wird in diese Giftbrühe fallen und darin den Sinn verlieren.
Es ist, als überfielen Raubkatzen den Menschen.
Du umgibst dein Haus oder deinen Garten
auch mit einer Mauer oder mit einem Zaun.
Das tust du doch zum Schutz.
Warum schützt du dann nicht auch deinen Mund?
Du hinterlegst deine Wertpapiere oder bringst dein
Erspartes zur Bank, um es zu bewahren. Du wägst ab.
Warum solltest du nicht genauso sorgfältig abwägen,
was du sagst?
Nimm dich vor leichtsinniger Rede in acht,
damit du nicht denen in die Hand spielst,
die darauf warten.

VIER GRUNDLAGEN FÜR DAS LEBEN

Vier Grundlagen sind zum einfachen Leben nötig:
Wasser und Brot, Kleidung und Obdach.
Ein karges Leben in den eigenen vier Wänden
ist besser als volle Tische bei fremden Leuten.
Bleib zufrieden, ob mit mehr oder weniger;
jedenfalls brauchst du dir dann nicht vorhalten zu lassen,
daß du ja eigentlich nicht dazu gehörst.
Es verletzt sehr, wenn man sich sein Auskommen
ständig woanders suchen muß.
Wo du nicht zu Hause bist,
hast du normalerweise kein Mitspracherecht.
Du wirst ein Außenseiter bleiben
und mußt manches Unangenehme wortlos hinnehmen.
Vielleicht mußt du dir sogar Befehle gefallen lassen:
Geh, besorg das oder jenes. Bring mir etwas zu essen.
Aber schnell!
Oder dir wird dein Zimmer gekündigt, weil der Vermieter
Eigenbedarf anmeldet.
„Aus familiären Gründen" heißt es dann.
Das alles ist schwer zu ertragen
für einen ordentlichen Menschen.

KINDER, DIE ELTERN FREUDE MACHEN

Wer seine Kinder liebt, wird sie konsequent erziehen.
Konsequente Erziehung bringt gute Ergebnisse,
und die Kinder werden den Eltern Freude machen.
Wer seinen Kindern gutes Benehmen beibringt,
braucht sich mit ihnen auch nicht im Kreise von Freunden
zu verstecken. Wer seine Kinder gut erzieht,
der macht seine Widersacher eifersüchtig. Vor seinen
Freunden kann er ruhig etwas stolz auf solche Kinder sein.
Wenn solche Eltern eines Tages sterben,
dann lebt ihr Wesen im Bild der Kinder weiter.
Im Leben hatten solche Eltern viel Freude an den Kindern,
und im Sterben war der Abschied ohne Angst.
Denn ihre Kinder haben gelernt, mit Zivilcourage und
Selbstbewußtsein selbst Feinden Widerstand zu leisten,
aber guten Freunden Freundlichkeit zu erweisen.
Nachgiebige Eltern verhätscheln ihre Kinder
und verweichlichen sie.
Ein Pferd, das nie eine feste und ruhige Hand
kennengelernt hat, wird vorn und hinten
ausschlagen und sich aufbäumen.
Genauso bäumen sich Kinder wild auf, die nie die feste
und ruhige Hand von Eltern erfahren haben.
Mach keine verletzenden Bemerkungen zusammen mit
deinen Kindern über andere Menschen; sonst mußt du es
auch mit ihnen zusammen bereuen. Laß dein Kind
vor allem nicht zum Spielball deiner Launen werden.
Laß deine Kinder nicht nach Belieben über die Stränge
schlagen, und lehre sie, zu ihren Versäumnissen zu stehen.
Zerbrich deine Kinder nicht, aber setze alles daran,
daß sie sensibel werden und auch lernen, dir Folge zu leisten,
wenn es um gute Entscheidungen geht.
Gelingt dir das nicht, wirst du viel Kummer erleben.
Präge die Entwicklung deiner Kinder, und erlaube ihnen
keine Trägheit, keine Faulheit; denn sie würden
zu Nichtsnutzen und brächten dir viele Sorgen ins Haus.

GESUNDHEIT WIEGT MEHR ALS GOLD

Ein bescheidenes Leben in Gesundheit ist mehr wert
als aller Reichtum, wenn du krank bist.
Gesundheit wiegt mehr als Gold
und bedeutet mehr als aller Besitz.
Kein Reichtum ist annähernd so kostbar wie Gesundheit.
Nichts, was ein Mensch besitzen könnte,
kommt an die Heiterkeit der Seele heran.
Ich kann Menschen verstehen, wenn sie sagen:
Es wäre besser zu sterben,
als unter erbärmlichen Umständen zu leiden.
Ich kann auch Menschen verstehen,
die sich in tiefster Qual einer unheilbaren Krankheit
nach der Ewigkeit sehnen. Eine vitale Weisheit sagt:
Was nützt es einem Zahnlosen,
wenn ich ihm einen Braten vorsetze.
Genauso sinnlos ist es, wenn man einer Steinskulptur
ein Glas Wein anbietet. So eben ergeht es Menschen,
die die Wahrnehmungskraft der Seele verloren haben.
Mit den Augen sehen sie zwar die Schönheiten der Welt,
aber sie können sie nicht genießen.
Wie ein junger Mann, der seine Liebste im Arm hält,
aber vor lauter Hemmungen nicht mit ihr schlafen kann.

EIN MENSCH, DER DAS LEBEN BEJAHT

Verliere dich nicht in Selbstmitleid, und drehe dich nicht
immer um dich selbst. Eine heitere Seele bedeutet Leben
für den Menschen, und Freude bedeutet Lebensanschub.
Laß dich immer wieder aufheitern, und beruhige dein Herz.
Dann weichen dunkle Gedanken.
Selbstzerstörerisches Grübeln geht an den Nerv des Lebens
und führt ja auch zu keinem Ergebnis.
Hektik, Rastlosigkeit und Wutausbrüche verkürzen die
Lebenszeit. Leichenbittermiene, Sorgenfalten
und Grübeleien lassen den Menschen früh altern.
Ein Mensch, der das Leben bejaht, ist mit seiner heiteren
Grundeinstellung ein guter Gefährte bei Tisch.

DIE SUCHT NACH GELD ZERBRICHT DAS LEBEN

Wer kein Auge mehr zutut, weil er Angst um seinen Besitz hat, reibt sich körperlich auf; es sind die materiellen Ängste, die dem Menschen den Schlaf rauben.
Angst um Reichtum macht regelrecht krank,
und die Nächte werden zur Hölle.
Wenn jemand es zu etwas oder gar zu viel gebracht hat
und gönnt sich Ruhe und Entspannung,
dann kann er sich auch an seinen Erfolgen freuen.
Solche Entspannung kann sich ein armer Mensch
normalerweise nicht leisten;
denn Ausruhen bringt ihn an den Bettelstab.
Wieder anders: Geld ist schmutzig, und wer es liebt,
befleckt auch seine Seele; und wenn er mit dem Geld
dann noch Vorteile sucht, wird sein Leben sinnlos und leer.
Viele sind am Geld zugrunde gegangen, und viele standen
und stehen um des Geldes willen am Abgrund.
Die Sucht nach Geld zerbricht das Leben;
wer sich dieser Sucht verschreibt,
baut sein eigenes Gefängnis.
Viele, die es zu etwas und auch zu Geld gebracht haben,
erlagen dieser Sucht nicht und bewahrten sich
den Maßstab der Güte. Solche Menschen muß man
suchen, aber man wird sie auch finden;
denn sie machen sich öffentlich einen guten Namen,
weil sie mit ihrem Geld Gutes tun.
Wer diese Einstellung bis zum Tod durchhält,
der verdient wirklich alle Achtung.
Denn die Versuchung, ungesetzlich zu handeln und mit
dem Reichtum Unrat zu stiften, ist ein Leben lang groß.
Die Errungenschaften eines Menschen, der gegen diese
Versuchung standhielt, sind von Dauer, und die Menschen
werden sich gern an seine Wohltaten erinnern.

ALLES IM RAHMEN

Wenn du bei wohlhabenden Leuten zu Gast bist,
dann sauf und friß nicht auf Deubel komm raus!
Ein voller Tisch erlaubt dir keine Gefräßigkeit.
Denk dran, wie krank Eifersucht macht.
Dein Verhalten könnte andere tief verletzen.
Nimm nicht das, worauf der andere
sein Augenmerk gerichtet hat.
Eure Hände könnten sich sonst in der Terrine begegnen.
Mach dir erst klar, was der andere mag oder nicht,
und danach richte, was du tust.
Bewahre Anstand, wenn du ißt, was man dir anbietet,
und giere nicht mit aufgerissenen Augen,
damit man nicht über dich die Nase rümpft.
Bewahre auch diesen Anstand,
indem du rechtzeitig aufhörst,
damit man sich nicht über dich lustig macht
und als Vielfraß karrikiert.
Sitzt du in großer Runde, dann mach nicht den Anfang.
Außerdem: Ein Mensch mit guten Sitten begnügt sich mit
kleinen Portionen. Das hat überdies den Vorteil, daß man
später im Bett nicht über Bauchschmerzen klagen muß.
Wer Maß hält, tut seinem Körper etwas Gutes,
kann auch anderntags beizeiten aufstehen
und fühlt sich pudelwohl.
Aber ein Nimmersatt wälzt sich im Bett
von einer Seite zur anderen und stöhnt über Blähungen.
Wenn man dich nötigt und zwingt, mehr zu essen
und zu trinken, als du verträgst, dann geh ins Freie,
steck den Finger in den Hals, übergib dich,
und dann geh nach Haus und such deine Ruhe.

Mein Freund, folge meinen Gedanken
und lächle nicht über mich.
Es wird sich bald herausstellen, wie recht ich habe.

Bei allem, was du tust, zeige Interesse und Engagement,
und du wirst merken:
Das hält bei Kräften und macht gesund.
Gastfreundschaft macht beliebt, und alle sind sich einig:
Das ist ein lieber Mensch.
Geiz dagegen macht unbeliebt,
und alle sind sich zu Recht einig:
Das ist ein schrecklicher Mensch.
Übernimm dich nicht beim Weintrinken.
So etwas hat schon andere vor dir zerstört.
Mit Glut prüft man die Härte des Stahls.
Nur ein Vergleich: Aber so etwa ist der Wein,
der Alkohol überhaupt, ein Prüfstein für Heißblütige,
wenn sie sich streiten.
Andererseits ist der Wein eine Wohltat für Menschen,
die maßvoll mit ihm umgehen können.
Was wäre das Leben ohne Wein?
Der Schöpfer läßt ihn wachsen und reifen
zum Ergötzen der Menschen.
Wein, zu guter Stunde und mit Verantwortung getrunken,
macht Herz und Seele heiter. Wer zuviel trinkt, verursacht
großen Kummer, der mit Vorwürfen und Streit verbunden ist.
Ein Dummkopf wird durch übermäßiges Trinken
noch unberechenbarer.
Er schwankt durch die Straßen, stolpert, schlägt der Länge
nach hin und zieht sich Wunden zu. Mach einem Freund
keine Vorhaltungen, wenn er Wein trinkt,
und mach dich nicht über ihn lustig, wenn er laut wird.
Beim Genuß des Weines sollen keine bösen Worte fallen.
Zwing keinen, der einen Schwips hat,
dir in dieser Situation etwaige Schulden zurückzuzahlen.

BESCHEIDENHEIT UND ZURÜCKHALTUNG

Wenn man dir für ein Fest die Organisation übertragen hat,
dann spiel dich nicht auf im Vollgefühl deiner Stellung,
sondern sieh dich mit den anderen in einer Gemeinschaft.
Sorge auch zuerst für deine Gäste und nimm dann erst
Platz. Erst wenn alles bedacht wurde, was zu bedenken war,
kannst du dich setzen.
Dann kannst du dich später auch richtig über den Dank
der Menschen freuen, weil du alles so gut vorbereitet hast.
Du hast für das Fest die Verantwortung.
Du kannst das Wort ergreifen, wenn du es für richtig hältst.
Störe aber nicht die Musikanten.
Wenn andere gern zuhören wollen,
dann misch dich nicht ein und sprich nicht dazwischen.
Heb dir das, was du sagen wolltest,
für einen günstigen Augenblick auf.
Wie ein Edelstein auf einem Ring strahlt,
so setzt gute Musik einem Fest besondere Lichter auf.
Wie ein Rubin wunderschön leuchtet,
so bewirken fröhliche Lieder beim Fest helle Atmosphäre.
Wenn du jung bist, dann überfalle andere Menschen nicht
mit deinen Worten. Fasse dich kurz. Gib dich bescheiden,
und verhalte dich wie ein kluger Mensch,
der sehr wohl weiß, worum es geht,
aber dennoch schweigen kann.
Biedere dich nicht bei Vorgesetzten oder vornehmen
Menschen an. Und wo du auf erfahrene, weißhaarige
Menschen triffst, da rede nicht das Blaue vom Himmel
herunter. Jeder grelle Blitz hat seinen Donner.
Jedes grelle Geschwätz endet im Grollen.
Zurückhaltung aber spricht sich bald herum.
Verabschiede dich im rechten Augenblick,
keinesfalls als letzter. Geh auf direktem Weg nach Hause
und träume nicht herum. Freue dich dort über alles,
was dir der Tag gebracht hat, aber sei nicht übermütig.
Danke Gott für alle seine Geschenke,
mit denen er dich so reich macht.

HANDLE NIE OHNE GUTEN RAT

Wer in Ehrfurcht vor Gott lebt,
der ist auch offen für neue und gute Einsichten,
und wer sich von Jugend an darum bemüht,
wird die ganze Freundlichkeit Gottes erleben.
Wer sich um die guten Gebote Gottes bewirbt,
wird ihren Halt erfahren.
Wer das aber nicht aufrichtig meint, wird über sie fallen.
Wer in Ehrfurcht vor Gott lebt,
der erkennt auch das Grundgesetz des Lebens,
und seine Ansichten machen das Leben hell,
wie die Sonne die Welt erhellt.
Ein Mensch ohne Gott ist nicht bereit
zur Korrektur seines Lebens,
und er sucht sich Argumente ganz nach Belieben.
Ein besonnener Mensch schätzt Anregungen
zu neuen Erkenntnissen nicht gering,
aber ein Dummkopf schlägt das alles in den Wind.
Handle nie, ohne dir Rat geholt zu haben.
Dann wirst du auch nichts bereuen müssen.
Achte auf deine Schritte, daß du nicht auf glattem Parkett
zu Fall kommst. Du kannst nicht jeden Weg gehen.
Selbst deinen eigenen Kindern
kannst du nicht immer vertrauen.
In allem, was du tust, gib acht auf deine Seele;
dann sind die Gebote Gottes für dich wie eine Leitplanke.
Wer darauf vertraut, der vertraut auf Gott
und wird seinen Weg finden.

SUCHE NACH INNERER EINSICHT

Wer in Beziehung zu Gott lebt, hat Widerstandskraft
gegen das Böse. Wer dann in Versuchung gerät,
findet auch wieder heraus.
Ein einsichtiger Mensch hält an den Geboten fest,
ein falscher Mensch läßt sich treiben,
wie ein ruderloses Schiff auf hoher See treibt.
Ein besonnener Mensch bleibt den Geboten treu
und bezieht aus diesen Geboten klare Orientierung
und klare Entscheidungshilfen von Gott.
Mein Freund, denke in Ruhe nach, bevor du sagst,
was zu sagen ist. Dann wird man dir auch zuhören.
Suche zuvor nach innerer Einsicht,
dann kannst du auch verantwortlich reden.
Das Herz von einem Dummkopf kreist immer um sich selbst,
und sein Denken ist eine einzige Nabelschau.
Wie ein feuriger Hengst unter seinem Reiter wiehert,
so wiehert auch ein angeblicher Freund
über einen Menschen, über den er sich lustig macht.

MENSCHEN MIT BESONDEREM SEGEN

Warum gibt es eigentlich Rhythmen, Termine, besondere
Tage, besondere Zeiten? Alle Tage müßten doch
den gleichen Rang haben. Gott unterscheidet sehr wohl
zwischen Schaffen und schöpferischer Pause.
Er hat einige Tage hervorgehoben und andere nicht.
Das ist ja wie bei den Menschen,
die alle einen gemeinsamen Ursprung haben
und doch unterschiedlich sind.
Da gibt es Menschen mit besonderem Segen, Menschen
mit besonderem Auftrag, Menschen mit besonderem
Versagen und Menschen mit besonderer Farblosigkeit.
Wir Menschen sind Geschöpfe Gottes,
wie Tongefäße aus der Hand eines Töpfers stammen.
Das Geschöpf bleibt in der Hand des Schöpfers, und er gibt
jedem seine Bestimmung. Die Gegensätze in der Welt
gehören zur Schöpfungswirklichkeit; pro und contra,
gut und böse, Anspruch und Widerspruch, Leben und Tod.

EIN ESEL BRAUCHT SEIN FUTTER

Ich habe im Herbst die Ernte eingesammelt –
das war ein großer Segen. Ich konnte Vorräte stapeln.
Das war aber nicht nur für mich,
sondern genauso für Menschen,
die daraus Erkenntnisse ziehen wollen.
Hört auf mich, ihr Höhergestellten,
und ihr Vorsitzenden in der Gemeinde, hört mich!
Laßt eure Familie nicht über euch herrschen,
solange ihr lebt,
und überschreibt euren Besitz niemandem,
damit ihr nicht betteln müßt.

Tritt deinen Platz nicht ab, so lange du lebst.
Besser ist, wenn deine Kinder dich brauchen,
als wenn du sie anbetteln mußt.
Laß dir deine Entscheidungsfreiheit nicht nehmen
und auch nicht deine Würde.
Wenn's ans Sterben geht, dann regle dein Vermächtnis.
Ein Esel braucht sein Futter, seine Last und den Antrieb.
Ein Angestellter braucht sein Auskommen,
seine Aufgabe und seine Motivation.
Sei konsequent deinen Angestellten gegenüber,
dann hast du Frieden. Anderenfalls streiken sie.
Klare Entscheidungen verhelfen
zu einem guten Betriebsklima.
Verschlagene und hinterlistige Mitarbeiter
sollst du entlassen. Verteile sinnvolle Aufgaben,
damit kein Leerlauf entsteht.
Wer nichts tut, kommt auf schlechte Gedanken.
Verteile die Arbeit gut. Wer sie nicht übernehmen will,
soll gehen. Doch mache die Lasten nicht zu groß.
Du hast kein Recht dazu.
Behandle deine Angestellten wie deinesgleichen,
ja, wie einen Bruder, denn du brauchst ihn für dein Leben.
Behandelst du ihn schlecht, wie willst du dann weiterleben?

TRÄUME SIND BILDER

Dummköpfe und Phantasten verlassen sich
auf Spinnereien und Phantasien.
Wer nach Träumen greift,
greift nach Schemen und nach Wind.
Träume sind Bilder ohne Wirklichkeit.
Aus Dreck kann man kein Gold machen.
Aus Lüge entsteht keine Wahrheit.
Wer sich sein Horoskop selbst stellt und Zeichen deutet,
landet im Nichts.
Es entsteht eine Fata Morgana.
Halluzinationen entstehen wie unter großen Schmerzen.
Wenn Gottes Wahrheit nicht durchleuchtet,
dann gib nichts darauf.
Träume leiten viele Menschen in die Irre,
sie leiten in die falsche Richtung
und geben kein Fundament,
um das Leben darauf zu bauen.
Gottes Gebote aber führen nicht in den Nebel,
sondern bringen Wirklichkeit aus Einsicht.

DER EHRFÜRCHTIGE WIRD SEIN LEBEN BEWAHREN

Ein Mensch, der in der Welt herumgekommen Ist,
hat viel Erfahrung und kann viel Vernünftiges erzählen.
Einer ohne Erfahrung hat auch keine Einsicht.
Wer über einen weiten Horizont verfügt, hat viel Erkenntnis.
Ich bin weit herum gekommen
und kenne mehr, als ich sage.
Oft bin ich in Lebensgefahr geraten,
aber mein Wissen hat mich gerettet.
Der Ehrfürchtige wird sein Leben bewahren,
denn seine Hoffnung richtet sich auf den, der retten kann.
Wer zu Gott hält, braucht keine Angst zu haben,
denn Gott ist sein Schutz.
Glücklich ist der Mensch, der in Ehrfurcht vor Gott lebt.

Glücklich ist der Mensch,
der in lebendiger Beziehung zu Gott lebt.
Er weiß, worauf er vertraut, und er weiß,
was sein Fundament ist. Er ist in Gottes Hand geborgen.
Dieses feste Band macht den Menschen widerstandsfähig,
verleiht Stärke, gibt Gewißheit, nimmt ihn in Obhut,
wird zur begleitenden Stütze und bewahrt ihn vor Fehltritten.
Gott macht das Leben hell, gibt den Augen Glanz,
macht den Körper belastbar,
schenkt uns den Lebenssinn und Segen.

DER EINE BAUT AUF, DER ANDERE ZERSTÖRT

Wer von unrechtmäßig erworbenem Geld
Spenden gibt und gar von Opfern redet, der lästert Gott.
Auf solchen Spenden gewissenloser Menschen
ruht kein Segen.
Bei Gott kann man mit solchen Opfern nichts bewirken;
man kann sich auf diesem Wege
auch keine Vergebung erkaufen.
Ein Mensch, der einem Armen etwas nimmt
und das dann spendet, ist nicht besser als einer,
der sein eigenes Kind umbringt.
Ein armer Mensch lebt karg von wenig Brot.
Wer ihm das auch noch nimmt, begeht einen Mord.
Wer seinem Mitmenschen das tägliche Brot stiehlt,
bringt ihn um.
Wer einem Angestellten den Lohn nicht auszahlt,
ist eine Hyäne.
Der eine baut auf, der andere zerstört. Was kommt für
beide dabei heraus? Nur sinnlose Anstrengung.
Wenn einer mit Gott redet und ein anderer lästert:
Wessen Stimme kann da noch durchdringen?
Wenn jemand eine Leiche angefaßt hat und sich danach
die Hände wäscht: Was nützen ihm Wasser und Seife,
wenn er den Toten gleich wieder berührt?
So steht es um einen Menschen, der seine Seele wieder hell
bekommen möchte, aber trotz all seiner Gebete
und Anstrengungen sogleich wieder rückfällig wird.

TEILENDE LIEBE BEWIRKT WUNDER

In Gottes Geboten zu leben, das ist die beste Hingabe
an Wahrheit. Gottes Wort die Priorität zu geben,
das ist das beste Zeichen für Dankbarkeit.
Dankbarkeit zum Ausdruck zu bringen,
das ist das schönste Echo auf Gottes Liebe.
Freundlichkeit auszustrahlen und Menschen zu helfen,
das ist die praktische Form von Gottesdienst.
Solcher Gottesdienst wächst aus der Abkehr vom Bösen.
Wer sich nicht mehr am Unrecht beteiligt,
erlebt die Hinkehr zur Wahrhaftigkeit.
Wenn du zur Kirche gehst, um Gottesdienst festlich zu feiern,
dann nimm eine Spende für die Kollekte mit; denn das
gehört auch zu den Konsequenzen des Glaubens.
Letztlich machst du Gott mit deiner Haltung
die größte Freude. Eine ehrliche Spende ohne Hintergedanken
trifft auch bei Gott auf Gegenliebe
und macht dich innerlich reich.
Was du abgibst, soll aus einem guten Herzen kommen,
und begnüge dich nicht mit Halbheiten.
Wenn du dich zu Abgaben oder Steuern verpflichtet hast,
dann zahle sie gern; denn sie dienen der Gemeinde.
Lerne zu teilen von all den Geschenken deines Lebens,
die Gott dir ermöglicht.
Teilende Liebe bewirkt Wunder.
Verbinde nie einen Hintergedanken mit deinen guten Taten.
Gott ist unbestechlich.
Bilde dir nichts auf deine Freigebigkeit ein.
Das macht bei Gott keinen Eindruck;
denn Gott beurteilt einen Menschen gewiß nicht
nach seinem äußerlichen Image.

SOLCHE GEBETE FINDEN GEHÖR

Gott schenkt sein Ohr den armen Menschen
und achtet nicht auf Herkunft, Rasse oder Hautfarbe.
Gott sieht die Tränen der Hinterbliebenen
und hört das Weinen einsamer Kinder.
Gott versteht die Klage der Geplagten,
die sie ihren Peinigern ins Gesicht schreien mögen.
Wer zu Gott hält, findet in ihm
einen geduldigen und aufmerksamen Zuhörer.
Die Gebete der Verzweifelten dringen durch alle Mauern
und alle Einsamkeiten bis zu Gott.
Solche Gebete finden Gehör.
Die Übeltäter und Peiniger,
die Ausbeuter und Plagegeister dieser Welt
werden spüren, früher oder später,
was es bedeutet, wenn Gott ihnen seine Hand entzieht
und sich all ihre Machenschaften zerschlagen.
Jede Tat hat ihre eigene Folge.
Gott setzt sich mit seinem Recht und seiner Liebe durch.
Wie der Regen das trockene Land netzt und labt,
so trägt Gott seine Menschen voller Liebe in der Not.

WIR BITTEN DICH UM SIGNALE

Gott, himmlischer Vater, sei dicht bei uns.
Deine Wahrheit soll die Menschheit tief erschüttern.
Stehe auf der Seite derer, die sich gegen
fremde Ansprüche wehren. Deine Hoheit strahlt
wie ein herrlicher Glanz in unseren Herzen.
So soll sie auch vor deinen Gegnern strahlen
und sie zur Besinnung bringen. Ihnen soll klar werden,
daß nur bei dir die Wahrheit liegt.
Wir bitten dich um Signale und Neues, Wunderbares.
Zeige uns deine Macht und gewähre uns Einblick
in deine Schöpferkraft.
Zeige uns, wie du den Übeltätern Einhalt gebietest
und sie vor dir ganz klein werden.
Laß sie ins Leere laufen
und ihre Machenschaften zu nichts werden.
Verstehe unsere Bitte um Vergeltung,
daß die Quälgeister und Menschenschinder
ihr Leben verwirkt haben.
Folterknechte und Sadisten, Menschenschänder
und Tyrannen haben doch kein Recht auf Leben.
Gib denen, die zu dir halten, das kostbare Geschenk
der Einheit rund um diese Erde.
Laß uns zurückfinden zu den Anfängen in deinem heiligen
Volk, in Erinnerung an die Propheten und den Tempel,
damit uns deutlich wird:
Du bist da zu Hause, wo man dich anbetet.
Sei auf unserer Seite,
und laß die alten Weissagungen Wirklichkeit werden,
daß sie zur Vision einer neuen Zeit wachsen.
Laß uns deine Nähe spüren, damit wir merken,
wie die Botschaft sich erfüllt.
Unter dem Dach des alten Segens bitten wir dich:
Zeige den Menschen deine Wahrheit
und zeige ihnen, daß du allein Gott bist,
unser Herr.

OHNE EINE GUTE FRAU IST EIN MANN HILFLOS

Wir essen höchst unterschiedliche Gerichte.
Doch es schmeckt uns nicht alles gleich gut.
Ein Feinschmecker weiß sofort, was Wild ist.
So kann auch ein „feinschmeckendes Herz"
die unterschiedlichen Menschen sofort ausmachen.
Ein arglistiger Mensch kann dir viel Unheil bringen.
Aber wenn er auf einen erfahrenen Menschen trifft,
fällt es auf ihn zurück.
Mancher, der heiraten will, sucht in Torschlußpanik
nicht erst lange aus.
Aber wenn man sich Zeit zum Wählen nimmt,
unterscheidet man doch gern nach Liebe und Gefallen.
Eine Frau zum Beispiel, die ihrem Mann gefällt,
macht sein Leben hell.
Wenn sie verbindlich und liebevoll ist
und im Gespräch geschickt,
dann ist ein solcher Mann nur zu beneiden.
Eine solche Frau wird in ihrer Ehe zur Gefährtin
und zur tragenden Kraft.
Ohne Zaun und Grenze verliert ein Mensch schnell alles,
was er besitzt.
Ohne eine gute Frau ist ein Mann hilflos
und setzt alles aufs Spiel, was er hat.
Wie man einem Landstreicher nicht über den Weg traut,
weil er keinen festen Wohnsitz hat,
so schenkt man auch einem Mann kein Vertrauen,
wenn er kein Zuhause hat und irgendwo Bleibe sucht,
wo er gerade ist.

EHRLICHKEIT

Schnell sagt einer: Ich bin dein Freund.
Aber etliche sind es nur dem Wort nach.
Wenn ein wirklicher Freund dein Gegner wird,
dann nimmt man die Trauer darüber mit ins Grab.
Die Frage ist: Wo hat das Böse in der Welt seine Wurzeln?
Wenn es einem Freund gut geht, dann freuen sich
die Menschen mit; wenn es ihm aber dreckig geht,
wenden sie sich von ihm ab. Sie leisten ihm Beistand,
solange sie sich an ihm die Taschen füllen können.
Aber wenn es zum Schwur kommt, sind sie nicht mehr
zu sehen. Behalte deinen Freund stets im Herzen,
und wenn du Erfolg hast, sag dich nicht von ihm los.
Viele Menschen bieten ihre sogenannten
guten Ratschläge an, aber nur zu ihrem eigenen Vorteil.
Sei vorsichtig. Überdenk zunächst,
was dem anderen von Nutzen sein könnte.
Vielleicht hat er nur seinen Profit im Auge.
Mach dich nicht abhängig von ihm.
Er könnte leicht sagen: Ja, ja, so machst du es richtig,
hält sich selbst aber im Hintergrund und wartet ab,
was aus dir wird. Besprich dich nicht mit einem,
der dir nicht wohlgesonnen ist.
Behalte auch deine geheimen Überlegungen für dich
vor denen, die dich beneiden.
Man wird ja auch nicht eine Frau fragen,
wie man mit ihrer Konkurrentin umgehen soll.
Man wird auch einen, der Angst hat, nicht fragen,
wie man eine direkte Konfrontation führen soll.
Und ebensowenig wird man einen Geschäftsmann fragen,
wie hoch er dein und sein Angebot einschätzt.
Einen Kunden wird man auch nicht fragen,
wieviel er für eine Ware zu zahlen bereit ist.
Man wird auch einen Neider nicht fragen, was man
denken soll. Ebensowenig wird man einen Hartherzigen
um Rat fragen, wie Nächstenliebe zu üben sei;
man wird auch ein Faultier nicht fragen,
wie Arbeit zu organisieren ist.
Alle diese Leute taugen nicht für einen guten Rat.

HALTE DICH ZU GESINNUNGSGEFÄHRTEN

Suche immer die Nähe von Menschen,
die in Ehrfurcht vor Gott leben, und von denen du weißt,
daß sie sich an seine Weisungen halten.
Halte dich zu Gesinnungsgefährten, die dir auch Beistand leisten, wenn du in Schwierigkeiten bist.
Richte dich nach dem, was dir deine Seele gebietet;
denn in ihr und deinem Gewissen hast du festen Halt.
Eine wache Seele nimmt mehr wahr,
als es eine Anzahl scharfer Augen vermag.
Vor allem aber pflege dein Beten und bitte Gott,
daß das, was du vorhast, sein Ja findet, seinen Segen.
Bevor du eine Sache beginnst, denke gut nach,
und bevor du handelst, überprüfe dich noch einmal.
Denn wenn man etwas neu gestalten will,
lauern vier Möglichkeiten:
Es wird gut, oder es wird böse,
es führt zum Leben, oder es führt zum Tod.
Letztlich wird alles vom Wort entschieden.
Manch einer kann anderen Menschen im Gespräch gut helfen, aber für sich selbst findet er keine helfende Antwort.
Ein anderer wieder würde gern mit guten Worten Beistand leisten, aber man will seine Ansicht gar nicht zur Kenntnis nehmen. So bleibt er leer und einsam. Er hat Gottes Nähe versäumt, und so konnte in ihm keine tiefe Einsicht wachsen.
Es gibt Menschen, die benutzen ihre Weisheit
nur für sich selbst. Es sind fromme Egoisten.
Ein wirklich weiser Mensch dient dagegen
mit seinen Einsichten der Gemeinschaft.
Solch ein Mensch steht hoch im Ansehen,
und wer ihm begegnet, spricht gut über ihn.
Jedes Menschenleben hat seine Frist und Grenze,
aber das Leben der Gemeinde liegt bei Gott in Ewigkeit.
Die Erinnerung an einen ehrfürchtigen Menschen
bleibt in der Gemeinschaft wach,
und sein Name ist bei Gott gut aufgehoben.

WER BESCHEIDEN BLEIBT, WIRD LÄNGER LEBEN

Mein Freund, höre auf meinen Rat:
Überlege genau, was für deinen Körper gut ist.
Vermeide, was schädlich ist. Nicht alles ist für jeden gut.
Und nicht jeder hat für alles eine Vorliebe.
Friß dich nicht voll, nur weil es dir schmeckt.
Wenn voll aufgetischt ist, dann überwinde deine Gier.
Über die Maßen zu essen, beeinträchtigt die Gesundheit,
und einer, der sich übernimmt, kehrt das Innere nach außen.
Viele schon haben sich durch Völlerei umgebracht.
Wer bescheiden bleibt, wird länger leben.

DER ARZT UND GOTTES HEILENDE WIRKUNG

Erweise deinem Arzt Respekt und zolle ihm Anerkennung,
damit er kommt, wenn du ihn rufst.
Auch ihn hat Gott geschaffen, und sein Mandat,
Menschen zu heilen, gab ihm der Schöpfer.
Selbst die Mächtigen dieser Welt beweisen dem Arzt
ihre Dankbarkeit. Das Können eines Arztes
verleiht ihm eine besondere Stellung
und heißt ihn willkommen auf höchster Ebene.
Der Schöpfer läßt in der Apotheke der Natur die Heilkräfte
wachsen, und wer Verstand hat, lächelt nicht darüber.
Ich erinnere an das alte Wunder in der Wüste,
als die heilende Kraft durch Moses Hand
aus bitterem Wasser süßes werden ließ.
Diese Kunst ist den Ärzten verliehen, die damit Gottes
Namen ehren, weil er ihnen das Wunder und die Mittel
anvertraut hat. Gott stellt die Kräfte zur Verfügung,
der Apotheker entwickelt das Medikament, so geht Gottes
heilende Wirkung weiter in der Geschichte der Menschen.
Mein Freund, denke daran, wenn du krank bist, und bitte Gott
um Heilung. Bringe vor allem deine Seele in Ordnung,
und bekenne die Last deines Herzens.
Sieh zu, daß du Gott und anderen Menschen
eine Freude machst,
so als hätte dein letztes Stündlein geschlagen.

Dann wende dich voller Vertrauen an deinen Arzt;
denn Gott hat ihn für dich bestimmt. Wehre dich nicht
gegen seine Behandlung; denn du hast sie nötig.
Es kommt der Augenblick, in dem du den Arzt
dringend brauchst, weil nur er helfen kann.
Der gute Arzt wird vor der Behandlung Gott bitten,
daß er seine Arbeit segnet und zum Erfolg führt
und der Patient auf den Weg der Besserung,
ja, der Heilung kommt, um sein Leben wieder selbst
in die Hand nehmen zu können.
Wer aber Gott die Hoheit über das Heil
und die Mittel abspricht, der soll dann auch ruhig
irgendwelchen Quacksalbern in die Hände geraten.

LASS DEINE TRÄNEN FLIESSEN

Mein Freund, wenn jemand stirbt, der dir nahesteht,
dann weine und trauere im Abschiedsschmerz.
Laß ihn ordentlich beerdigen, wie es der Würde
des Menschen entspricht.
Laß deine Tränen fließen und zeige deinen Kummer,
zeige auch dein Leid, wie es dem Andenken
an den Verstorbenen entspricht.
Tu das eine Zeit lang, wie es sich gehört.
Aber dann besinn dich auch wieder, damit du dich nicht
in der Trauer verlierst. Wer in seiner Trauer versinkt,
geht daran zugrunde; wer sich von der Trauer
beherrschen läßt, verliert seine Kräfte.
Wer innerlich zerrissen ist, kommt aus der Trauer
nicht heraus. Man kann innerlich und äußerlich
dadurch verarmen, und das zerreißt einen in der Mitte.
Also laß die Traurigkeit keine Wurzeln in dir schlagen,
sondern bedenke das Ende deines Lebens
und vergiß das nicht. Denn es gibt kein Zurück.
Du hilfst dem Verstorbenen überhaupt nicht,
sondern schadest dir nur selbst.
Denk doch: Er ist gestorben, und du wirst auch einmal
sterben. Gestern er! Heute ich? Sieh: Der Tote ruht in Frieden.
Hör auf, dich in Traurigkeit zu verlieren. Das ist doch Trost:
Die Seele des Toten ist bei Gott zu Hause.

VIEL GEDULD

Wer weise und verständige Einsichten
ins Leben gewinnen will, braucht viel Geduld.
Diese Lernarbeit nimmt soviel Zeit in Anspruch,
daß man eigentlich nichts anderes tun dürfte.
Ein Bauer zum Beispiel hat seine Gedanken beim Boden,
bei den Geräten, beim Vieh, bei den Zugtieren,
beim Geschirr, und sein Kopf ist besetzt
von Fragen über den richtigen Zeitpunkt zum Pflügen
oder für andere Tätigkeiten.
Bauleute, Zimmerleute und Maurer haben in der Saison
ohnehin keinen Sinn für anderes. Sie müssen die Witterung
nutzen und alles daran setzen, daß der Bau
der Zeichnung entsprechend termingerecht fertig wird.
Genauso geht es dem Schmied. Der Lärm
und die ständige Konzentration auf das Werkstück
lassen ihn zu nichts anderem kommen.
Ebenso geht es dem Töpfer, der an der Scheibe sitzt
oder am Ofen steht und voll konzentriert darauf achten
muß, daß Material und Temperatur stimmen
und das Produkt schön wird.
Es sind alles Menschen, die ihre Arbeitskraft einsetzen,
damit das Gemeinwesen Nutzen davon hat.
Sie alle sind unentbehrlich, aber zu Besprechungen
können sie nicht herangezogen werden,
und in der Öffentlichkeit haben sie kaum einen Namen.
Einen Prozeß können sie nicht leiten,
Ethik oder Kirchengeschichte haben sie nicht gelernt,
in der Justiz übernehmen sie keine Verantwortung,
einfühlsame Antworten wird man von ihnen nicht bekommen.
Trotzdem sind sie wesentlich und gehören zu den Säulen
der ganzen Welt, weil sie ihren Sinn darauf richten, wie sie
ihre Arbeit ordentlich und zweckmäßig verrichten können.

GOTT FÜR DAS LEBEN DANKEN

Wer vorhat, über Gottes Wort und seine Weisheit
nachzudenken, der muß das Vermächtnis der Vorfahren
aufsuchen und die Bibel bedenken.
Er muß die Biographie glaubwürdiger Menschen lesen
und über ihre Erkenntnisse meditieren,
um Inhalt und Bedeutung zu begreifen.
Er sollte sich auch mit Gleichnissen und Geheimnissen
befassen. Wer das tut, findet Gehör bei den Oberen
und kann erhobenen Hauptes
den Großen dieser Welt begegnen.
Ein solcher Mensch bleibt innerlich neugierig und
aufgeschlossen. Er wird die Welt bereisen,
um neue Horizonte zu gewinnen und zu erkennen, was
dem Menschen dient und was nicht. Ein solcher Mensch
wird den Tag mit einer Andacht beginnen,
er wird Gott für sein Leben danken und zu ihm beten.
Er redet mit Gott und bekennt seine Schwächen.
Aus Gottes Liebe wird er tiefe Einsichten gewinnen.
Er wird sie weitergeben, reichlich und gern,
und wird seinem Gott ein Danklied singen.
Er konzentriert sich mit allen seinen Kräften darauf,
die Spuren des Schöpfers zu erkennen.
Und immer wieder verschenkt er seine Gedanken
und beruft sich nur zu gern auf seinen Gott.
Andere Menschen wissen solche Einsichten
wohl zu schätzen. Auf diese Weise
wird Gottes Weisheit nicht vergehen.
Auch die Erinnerung an solchen Menschen wird bleiben,
und über seinen Tod hinaus wird man seiner gedenken.
Was er weitergab, bekommt Weltbedeutung, und in der
Gemeinde ist man ihm dankbar. Schon im Leben gewinnt
er mehr Bedeutung als tausend andere Menschen,
und diese Bedeutung wird zum bleibenden
und verpflichtenden Vermächtnis.

AUS GOTTES WORT WIRD GESCHICHTE

Freunde, mir sind noch mehr Gedanken gekommen,
die ich nicht verschweigen will;
denn wie ein volles Gefäß ist mein Kopf voll davon.
Nehmt meine Orientierungshilfen an,
meine wohlmeinenden Freunde, dann werdet ihr
aufblühen wie eine wundervolle Rose,
die auf gutem Boden steht.
Ihr werdet eine Atmosphäre verbreiten,
die wohltuend ist wie der Duft herrlicher Gewürze.
Riskiert das; ihr werdet es nicht bereuen.
Vergeßt das Singen nicht.
„Lobe den Herren, den mächtigen König der Ehren."
Nur als Beispiel.
Dankt Gott und feiert Gottesdienst zu seinen Ehren.
Singt ihm ein Danklied:
„Alles was Gott tut, alles was er tut, ist gut, ist gut.
Er hält es bereit, er hält es bereit zur Zeit, zur Zeit."
Ihr solltet mit Gott nicht diskutieren wie mit euresgleichen,
so nach dem Motto: Was soll denn das oder jenes?
Denn aus Gottes Wort wird Geschichte wie vorzeiten,
als ein ganzes Volk trockenen Fußes durch das Wasser ging.
Was Gott will, kann niemand aufhalten.
Was Menschen planen und tun, ist für Gott
wie ein aufgeschlagenes Buch.
Alle Zeit und Ewigkeit wohnt in ihm,
und nichts Wunderbares ist für ihn Geheimnis.
Vermeidet die törichten Fragen: Wozu ist dies denn da
und wozu jenes? Gott hat allem Leben seine Bestimmung
gegeben und eine wesentliche Funktion im Verbund.
Er segnet, wie ein Fluß Segen bringt,
überwältigend und in die Tiefe hinein.

Gottlose Menschen dagegen verlieren den Sinn
und trocknen innerlich aus, wie sich ein fruchtbares Land
in eine Salzwüste verwandelt.
Für ehrfürchtige Menschen sind Gottes Werke
hoch willkommen, aber Atheisten nehmen an ihnen Anstoß.
Was von Gott kommt, ist für fromme Menschen gut.
Atheisten werten es als böse.
Menschen brauchen einige grundsätzliche Dinge
im Leben: Wasser, Feuer, Metall, Salz, Mehl, Milch, Honig,
Wein, Öl und Kleidung. Das weiß jeder.
Ein ehrfürchtiger Mensch wird sich dafür dankbar zeigen.
Ein gewissenloser Mensch hält solche Dinge
für selbstverständlich und lädt dadurch Schuld auf sich.
Es gibt Naturkatastrophen, die wie eine Strafe kommen
und wie eine Strafe gewertet werden:
Feuer, Hagel, Hunger, Tod, Entsetzlichkeiten,
die dem Menschen Schrecken einjagen;
aber er erkennt an ihnen seine Kleinheit
vor der Größe des Schöpfers.
Bestien, giftige Tiere und manche Waffen
wirken sich auch als Strafe aus für Menschen,
die die Schöpfung verachten und mißbrauchen.
Es sieht so aus, als kenne die Natur das Gesetz der Rache,
wenn sich der Mensch an ihr vergreift und versündigt.
Ich habe es deshalb für mich aufgeschrieben
in der Erkenntnis, daß alles, was geschaffen ist, gut ist,
aber auch in böse Erfahrung umschlagen kann,
wenn der Mensch sich versündigt.
Im entscheidenden Augenblick ist alles sinnvoll.
Aus diesem Grund soll man Gottes Namen in Ehren halten
und ihm danken mit Herzen, Mund und Händen.

DAS ERLEBT ALLE KREATUR

Schwere Schicksalsschläge ereilen jeden Menschen,
und jeder erlebt tiefes Leid im Laufe seines Lebens,
bis er eines Tages im Schoß von Mutter Erde liegt.
Da gibt es Sorge und Angst, bangendes Hoffen
und Todeserfahrung bei Millionären und Bettlern.
Immer kommt es irgendwann zu Gefühlsausbrüchen,
zu Neid, Kummer, Streit, Konflikt, Zerwürfnis,
Todesangst, Haß und Aggression.
Selbst nachts überfallen uns Menschen
die quälenden Gedanken.
Fast schon im Schlaf kommen die Bilder und Ängste,
und dem Menschen wird angst und bange,
daß er am liebsten fliehen möchte vor solcher Bedrohung.
Mitten in der Nacht, schweißgebadet,
ist der Mensch plötzlich hellwach und begreift,
daß seine Angst umsonst war.
Das erlebt alle Kreatur: der Mensch, das Tier,
aber Menschen ohne Gott versinken in der Angst.
Das ist der Nährboden für Gewaltverbrechen,
Blutvergießen, Aggression, bewaffnete Auseinandersetzung,
Mißgeschick, Elend, Ruin und Bedrohung.
Sintflutartig kommt das Schicksal
über Menschen ohne Gott.
Es bleibt die Erkenntnis:
Alles Leben wird wieder zu Erde, weil es ja aus ihr kam,
wie auch alle Ströme wieder in den Ozean münden.

NUR DIE WAHRHAFTIGKEIT HAT BESTAND

Werbegeschenke und alle zweifelhaften Zuwendungen
sind vergänglich. Nur die Wahrhaftigkeit hat Bestand.
Was Gottlose besitzen, versickert wie ein Wässerchen
und verebbt wie das ablaufende Meer.
Solche Leute geben sich gelassen,
solange man nach ihrer Pfeife tanzt;
aber am Ende ist ihr Leben einsam und leer.
Nachfolgende Generationen haben darunter zu leiden,
und solche Menschen können nirgends Wurzeln schlagen.
Und selbst wenn es ihnen über die Maßen gut ginge,
so bleibt ihr Leben doch sinnlos und leer.
Ein freundliches Leben ist dagegen
wie ein bunter Garten,
und ein liebendes Herz reicht bis in die Ewigkeit.

EINSICHTEN

Wer von seiner Hände Arbeit lebt
und anspruchslos bleibt, der ist gut dran.
Noch besser hat es der, der einen Schatz findet.
Kinder in die Welt zu setzen und Wohngebiete zu gründen,
macht einen Menschen bekannt und seinen Namen
unvergessen, aber mit einer großartigen Frau
verheiratet zu sein, übertrifft beides.
Gute Getränke und gute Musik stimmen den Menschen
fröhlich, aber weise Erkenntnis ist wesentlicher als beides.
Ein gutes Konzert oder ein edles Instrument
klingen wunderbar,
aber ein sinnvolles Gespräch ist mehr wert als beides.
Ausstrahlung und Schönheit sind wohltuend,
aber die wachsende Saat ist wertvoller.
Freundschaft und wertvolle Begegnung sind wichtig,
aber wichtiger für das Leben ist die Frau, mit der du lebst.
Geschwisterliche Nähe und helfende Menschlichkeit sind
wertvoll, aber mehr Bedeutung hat, wenn du selbst hilfst.
Ein sattes Konto und eine sichere Rücklage geben einem
Menschen Halt, aber mehr wiegt ein gutes Wort.
Besitz und Stellung verleihen Selbstbewußtsein,
aber die Ehrfurcht vor Gott verleiht mehr Rückgrat.
Solche Haltung erfüllt das Leben, und ein solcher Mensch
hat die entscheidende Grundlage. Ehrfurcht vor Gott
ist wie ein blühender Garten, nichts ist ihr gleich.

SCHMAROTZER LASSEN ES SICH GUT SCHMECKEN

Mein Freund, mach das Betteln nicht zum Prinzip,
es sei denn, dich zwingt die Not.
Sonst aber ist Betteln so erniedrigend, daß du bald
erkennst, es wäre besser, es gäbe dich gar nicht.
Wer es zur Methode gemacht hat, sich von fremden Leuten
aushalten zu lassen, der höhlt das eigene Leben aus.
Davor sollte sich allerdings ein Mensch mit guten Manieren
und einiger Vernunft hüten.
Schmarotzer lassen es sich gut schmecken,
aber es wird ihnen nicht gut bekommen.

STERBEN IST MENSCHENSCHICKSAL

Tod, gespenstisch wirkst du auf einen Menschen,
dem es gut geht, der keine Probleme hat
und ohne Schmerzen lebt, der sich im Alltag freuen kann
und Freude an Essen und Trinken hat.
Tod, barmherzig wirkst du auf einen Menschen,
der am Hungertuch nagt oder der alt und gebrechlich ist,
ein Mensch ohne Perspektiven und ohne Hoffnung.
Fürchte den Tod nicht. Sterben ist Menschenschicksal
in aller Vergangenheit und in aller Zukunft. Das ist die
schöpfungsgemäße Bestimmung eben auch des
Menschen. Sich dagegen aufbäumen oder dem Tod
ausweichen oder ihm zuvorkommen zu wollen, ist sinnlos.
Im Tod wird auch nicht die Länge des Lebens gemessen,
sondern Gewicht hat der Sinn des Lebens, das Wesentliche,
die Tiefe und das Bleibende.
Das erkennen Menschen ohne Gott nicht, und die Folge ist,
daß sie unglücklich werden, ebenso ihre Kinder.
Vieles geht ihnen verloren und kommt ihnen abhanden.
Denn wer Gottes Weg verläßt, verläßt auch den Sinn.
Das beginnt oft schon früh im Leben.
Für solche Menschen wird der Tod
zu einer Begegnung mit dem Nichts.
Unser Körper ist wie ein Gefäß;
und wenn es im Tod zerbricht, weinen die Menschen.
Sie weinen um den Verlust.
Aber für Menschen ohne Gott geht mehr verloren,
nämlich der Name, also die Benennbarkeit,
die Einmaligkeit, die Individualität, das Ich.
Deshalb hab als Ziel, einen guten Namen zu haben,
einen guten Ruf, ein überzeugendes Ich; denn das reicht
über allen materiellen Reichtum und Wohlstand hinaus
bis in die Ewigkeit.
Unser biologisches Leben hat ja nur eine bemessene Frist,
auch wenn es noch so gesund und stabil ist.
Mit meinem Wesen aber sterbe ich in Gott hinein.

MANCHERLEI GRUND, SICH ZU SCHÄMEN

Freunde, hütet gut, was ihr von weisen Menschen gelernt habt. Doch Unsinn wäre es, gute Einsichten zu verstecken, wie es ja auch töricht ist, Kostbarkeiten zu vergraben.
Denn dann hat niemand etwas davon.
Sinnvoller dagegen ist, wenn ein Mensch seine Dummheit versteckt, als wenn einer seine Weisheit verbirgt.
Allerdings gibt es im Leben mancherlei Grund,
sich zu schämen:

Mancher schämt sich,
obwohl er sich gar nicht schämen müßte.
Mancher stimmt zu, wo er gar nicht zustimmen dürfte.
Schämen sollte man sich vor den Eltern, wenn man den eigenen Körper oder andere Menschen mißbraucht.
Schämen sollte man sich vor dem Richter, wenn man lügt.
Schämen sollte man sich vor der Öffentlichkeit,
wenn man ein Unrecht oder eine Untat begangen hat.
Schämen muß man sich vor Nachbar und Freund,
wenn man untreu war oder einen Diebstahl begangen hat.
Schämen sollte man sich, wenn man einen Schwur
oder einen Vertrag bricht.
Schäme dich auch, mein Freund, wenn du dich beim Essen nicht benehmen kannst.

Schäme dich auch, lüstern mit deinen Augen Frauen
abzutasten.
Schäme dich, wenn deine Rechnungen nicht stimmen.
Schäme dich, wenn du einen Gruß nicht erwiderst.
Schämen sollst du dich auch,
wenn du deinen Verwandten den Rücken kehrst.
Schäme dich, fremde Ansprüche zu erschleichen.
Schäme dich, eine verheiratete Frau besitzen zu wollen.
Schäme dich als Mann, wenn du die Mitarbeiterin
eines anderen ins Bett holen willst;
schäme dich als Frau, wenn du den Mitarbeiter
eines anderen zu einem Seitensprung verführen willst.
Schäme dich, deinen Freund schlecht zu machen;
und wenn du ihm ausgeholfen hast,
dann rechne es ihm nicht vor.
Schäme dich, preiszugeben, was man dir anvertraut hat.

Wenn du diese Empfehlungen beherzigst,
wirst du beliebt sein und unter den Leuten geachtet.

MANCHERLEI GRUND, SICH NICHT ZU SCHÄMEN

Es gibt gute Gründe, sich nicht zu schämen.

Es gibt eine Art, rücksichtsvoll zu sein,
durch die man sich schuldig macht.
Schämen solltest du dich nie,
wenn du dich nach Gottes Weisungen richtest.
Schämen solltest du dich auch nicht,
einem Atheisten zuzustimmen, wenn er recht hat.
Schäme dich nicht, mit Nahestehenden und Freunden
auf Heller und Pfennig abzurechnen.
Schäme dich nicht, das Erbe von Freunden
gerecht zu verteilen, wenn du darum gebeten wirst.
Schäme dich nicht, dich nach den Bestimmungen
zu richten, gleich, ob du viel oder wenig verdienst.
Schäme dich auch nicht,
auf deinen Vorteil zu achten, wenn du handelst.
Schäme dich nicht, deine Kinder konsequent zu erziehen.
Schäme dich auch nicht, deinen Angestellten
zu kündigen, wenn sie dich betrogen haben.
Schäme dich nicht, eine unzuverlässige Frau oder einen
unzuverlässigen Mann aufmerksam zu kontrollieren.
Schäme dich nicht, zu verschließen,
was andere dir nicht entwenden sollen.
Schäme dich nicht, Buch zu führen über alles,
was du verleihst.
Schäme dich nicht, Dummköpfe und Tölpel
vor Entscheidungen zu stellen.
Schäme dich auch nicht, alten Menschen klarzumachen,
daß sie nicht soviel mit den Jungen schimpfen sollen.

Wenn du dich nach diesen Empfehlungen richtest,
zeigst du Rückgrat und wirst in hohem Ansehen stehen.

GEDANKEN VON VÄTERN

Väter machen sich um Töchter viele Gedanken
und haben manche schlaflose Nacht.
Väter denken oft: Wird sie unter die Haube kommen?
Väter denken auch oft: Wird meine Tochter
als Ehefrau ein gutes Leben haben?
Oder wenn sie noch sehr jung ist:
Läßt sie sich verführen?
Wird sie schwanger?
Wie wird es mit einem unehelichen Kind?
Oder wird sie als verheiratete Frau
auch einen guten Haushalt führen?
Werden sie Kinder haben können?
Gedanken von Vätern.
Freund, wenn deine Tochter nicht zu bremsen ist,
dann nimm sie an die Leine;
sonst bist du bald
im Gerede der Leute.
Noch ein kleiner Rat:
Schiele nicht nach protzigen Menschen
und suche auch nicht die Nähe attraktiver Frauen.
Aus manchem Kleiderschrank
kommen die Motten auf dich zu;
von mancher Frau und von manchem Mann
fliegen dir die Plagegeister geradezu entgegen.
Oftmals ist es besser,
mit einem grobgeschnitzten Menschen zu verkehren
als mit Frauen und Männern, die es darauf anlegen,
daß man ihnen auf den Leim geht
und dadurch den Spott auf sich zieht.

IN GOTT LIEGT ALLE ZEIT

Nun will ich endlich von der herrlichen Schöpfung reden,
von alledem, was ich erlebt und gesehen habe.
Denn alles, was lebt,
entstand durch das Wort des Schöpfers.
Die Sonne schickt ihr Licht in die Welt,
und ihr Glanz ist der Spiegel von Gottes Hoheit.
Selbst den Engeln, seinen wundervollen Kräften,
seinen Grenzwächtern ist es nicht möglich,
alle seine Wunder in Worte oder Bilder zu fassen,
wie sie der Schöpfer schuf.
Denn der Raum aller Räume, sein Universum,
atmet die Unendlichkeit.
Gott allein hat Einsicht in die Abgründe und Tiefen,
und so ist ihm auch die Seele des Menschen durchsichtig
wie helles Glas. In Gott liegt alle Zeit,
und in seinem Wissen ruht alle Erkenntnis.
Er offenbart Vergangenheit und Zukunft,
er holt ans Licht, was dunkel war,
alles Denken liegt vor ihm offen zutage,
und nichts bleibt vor ihm Geheimnis.
Gott umschließt alle Anfänge und alle Enden; er hat die
unerschütterlichen Grundlagen des Lebens geschaffen.
Gott braucht keinen, der ihm dreinredet.
Niemand kann seine Werke vergrößern oder mindern.
Wie wunderbar ist alles, was er geschaffen hat,
obwohl der Mensch nur mit dem kleinen Finger
den Saum seiner Herrlichkeit berühren kann.
Alles Leben aus seiner Hand hat vor ihm Bestand,
und wenn er die Kräfte der Schöpfung braucht,
richten sie sich nach seiner Bestimmung,
nach seinen Gesetzen.
Gegensätze, Partner, Gegenspieler und Ergänzungen
brauchen einander,
und was Gott geschaffen hat, ist ohne Fehl.
Der Schöpfer hat alles Leben in einen Verbund entlassen,
in dem eins auf das andere angewiesen ist.

SIEH DIR DEN REGENBOGEN AN

Meine Augen können sich nicht satt trinken
an den Wundern der Schöpfung.
Über uns glänzt das Firmament in seiner ganzen Pracht,
Milchstraße und Gestirne
bieten ein wundervolles Gemälde.
Die Sonne steigt aus dem Meer und ruft zum neuen Tag.
Sie ist ein Wunderwerk der Schöpfung.
Wenn sie im Zenit steht, versengt sie den Boden.
Wer könnte ihre Glut aushalten?!
Schon ein Schmiedefeuer bringt Eisen zum Glühen.
Um ein Vielfaches mehr durchglüht die Sonne die Berge;
sengende Hitze verbreitet sie und blendet die Augen.
Unergründlich ist die Hoheit des Schöpfers,
der sie gemacht und ihr ihre Gesetze gegeben hat.
Auch der Mond erhielt seine Bestimmung vom Schöpfer,
zieht seine Bahn, setzt Zeichen und Zeiten.
Nach den großen Gestirnen berechnet der Mensch die Zeit.
Der Mond nimmt ab, der Mond nimmt zu,
er gab dem Monat seinen Namen.
Wie eine himmlische Standarte wirkt er bei Nacht.
Die Sterne sind ein Schmuck am Himmel
und wie ein leuchtendes Mosaik am Firmament.
Vom Schöpfer erhielten sie ihre Weisung und ziehen
ihre Bahn über der Welt wie leuchtende Wächter.
Sieh dir den Regenbogen an und denk an den,
der ihn geschaffen hat in all seinen schönen Farben.
Der Schöpfer hat ihn entworfen
und über das Firmament gespannt.
Er hat den Schnee und das Gewitter geschaffen,
er hat den Wolken bestimmt, sich zu öffnen,
er hat den Vogelflug bestimmt,
der Hagel fällt in seinem Auftrag,
Donner ist Ausdruck seines Willens,
und Gebirge geben ihm Echo.
Die Winde und die Stürme gehorchen seinen Gesetzen.
Vogelflug, Schneefall – Wunder der Schöpfung.
Besonders der Schnee, der die Augen täuscht
mit seinem Glanz, so daß die Seele staunt.

Oft schmückt der Schöpfer das Land
mit einer winterlichen Reifdecke, die wie Salz glänzt
und frostige Spitzen bekommt.
Eisiger Wind aus dem Norden läßt die Gewässer erstarren;
wo er weht, legt er dem Wasser eine gläserne Rüstung an.
Hoch im Gebirge erlischt das Leben
unter seinem eisigen Hauch.
Kälte und Hitze gehorchen den Geboten des Schöpfers.
Er läßt die Hochebenen austrocknen, er läßt das Grün
gelb werden. Nebel und Tau bringen wieder Erquickung.
Gott, der Schöpfer, gebot den Meeresfluten Einhalt,
und Inseln entstanden, als seien sie in die Wasser gesät.
Seeleute können viel erzählen, auch von den Gefahren,
aber auch von den Überraschungen,
die uns staunen lassen:
allein die Vielfalt, der Artenreichtum kleiner und großer
Tiere, die sich alle nach seiner Bestimmung richten.
Sein Schöpferwort liegt in allen wie eine Kompaßnadel.
Wir können soviel wir wollen beschreiben, schildern,
erzählen: Unsere Sprache reicht für den Reichtum
der Schöpfung nicht aus.
Wenn wir mit unserer Bewunderung bis über die Wolken
reichen, es reicht eben nicht: Gott ist größer als alle Größe.
Demut und Ehrfurcht stehen uns gut an
vor seiner Majestät und Hoheit.
Lobt Gott in höchsten Tönen und bestaunt sein Werk
über alle Maßen; er bleibt immer höher und unermeßlich.
Singt ihm eure Lieder mit aller Begeisterung und mit allen
Stimmen; aber in ihm ruht das ewige Leitmotiv des Lebens.
Niemand hat Gott je gesehen; denn alles, was ich sehe,
muß kleiner sein als mein Auge. Gott ist größer. Wer hätte
Gott je begreifen können? Alles, was ich begreife,
muß kleiner sein als mein Verstand. Gott paßt in keinen
Begriff. Er ist unbegreiflich. Von allem, was wir sehen, sehen
wir sozusagen nur die Spitze eines Eisbergs. Der unendlich
größere Teil bleibt Geheimnis. Alles Sein, alle Dinge,
alle Lebewesen haben ihre Herkunft auch über die
Stationen der Entwicklung in Gott. Die Ehrfurcht vor Gott
verleiht dem, der glaubt, Besonnenheit und Erkenntnis.

DIE NACHFAHREN SPÜREN DIE NÄHE GOTTES

Wir wollen die Vorfahren des Glaubens und der Weisheit
mit Dankbarkeit ins Gedächtnis bringen.
Gott hat Großes an ihnen und durch sie getan.
Zum Teil waren es weise und gute Regenten,
die ihre Macht gewissenhaft verwaltet haben.
Dann wieder gab es Menschen, die durch ihre Klugheit
und Weisheit einen Namen bekamen
und auch durch Visionen bekannt wurden.
Menschen gab es, die ihr politisches Mandat mit Verstand
und Ehrfurcht verwaltet haben, angereichert durch weise
Erkenntnisse, hilfreiches Schrifttum
und gute Anordnungen in verständiger Form.
Menschen gab es, die Lieder ersannen und Melodien
und die durch ihre Poesie bekannt wurden.
Menschen gab es, die über Geld- und Machtmittel
verfügten, aber in alledem für den Frieden standen.
Schon zu Lebzeiten hat man diesen Menschen
ein Denkmal gesetzt. Ihr Vermächtnis wirkt so stark,
daß man noch heute von ihnen spricht.
Es gab auch ganz andere, ohne Bedeutung
und ohne Rang, Menschen, die man schnell vergaß,
als hätte es sie nie gegeben.
Ihre Kinder litten darunter.
Die anderen aber waren Menschen, die Gott beschenkt hat,
und ihre gewissenhafte Haltung wird nicht vergessen.
Ihr Erbe wirkt sich auf Generationen aus.
Die Nachfahren spüren die Nähe Gottes,
und ihr Leben hat Bestand.
Das Leben solcher Menschen behält seinen Wert und seine
Würde. Sie sind zwar tot, aber ihr Vermächtnis bleibt.
Nachfolgende Generationen sprechen
in Ehrfurcht von ihnen.
In der Gemeinde hält man ihr Andenken in Ehren.

MENSCHEN VOR GOTT

Henoch führte ein Leben mit Gott.
Er wurde sehr alt.
Gott nahm ihn zu sich.
So wurde er zu einem Zeichen der Besinnung.

Noah bewahrte Rückgrat und erwies sich als absolut treu.
Als das Unglück hereinbrach, wurde er bewahrt.
Ihm ist es zu verdanken, daß Menschen und Tiere
gerettet wurden. Mit ihm hat Gott einen Bund geschlossen
und ihm versprochen, daß nie wieder eine Flut
das ganze Leben vernichten solle.

Abraham wurde zum Erzvater
und Begründer ganzer Familien und Völker.
Er hielt die Gebote Gottes in Gehorsam,
und Gott schloß auch mit ihm ein Bündnis,
und Abraham hielt zu Gott selbst mitten in der Versuchung.
Gott beschenkte ihn reich mit seinem Segen
über die kommenden Generationen,
die an Zahl und an Bedeutung groß wurden
und am Firmament der Menschheit leuchteten
wie die Sterne am Himmel,
und ihr Einfluß reichte über die ganze Welt.
Dieser Segen ging weiter über Isaak hinaus
für alle Menschen, auch über Jakob,
der das Erbe antrat.
Aus dieser Herkunft entstanden zwölf Linien.

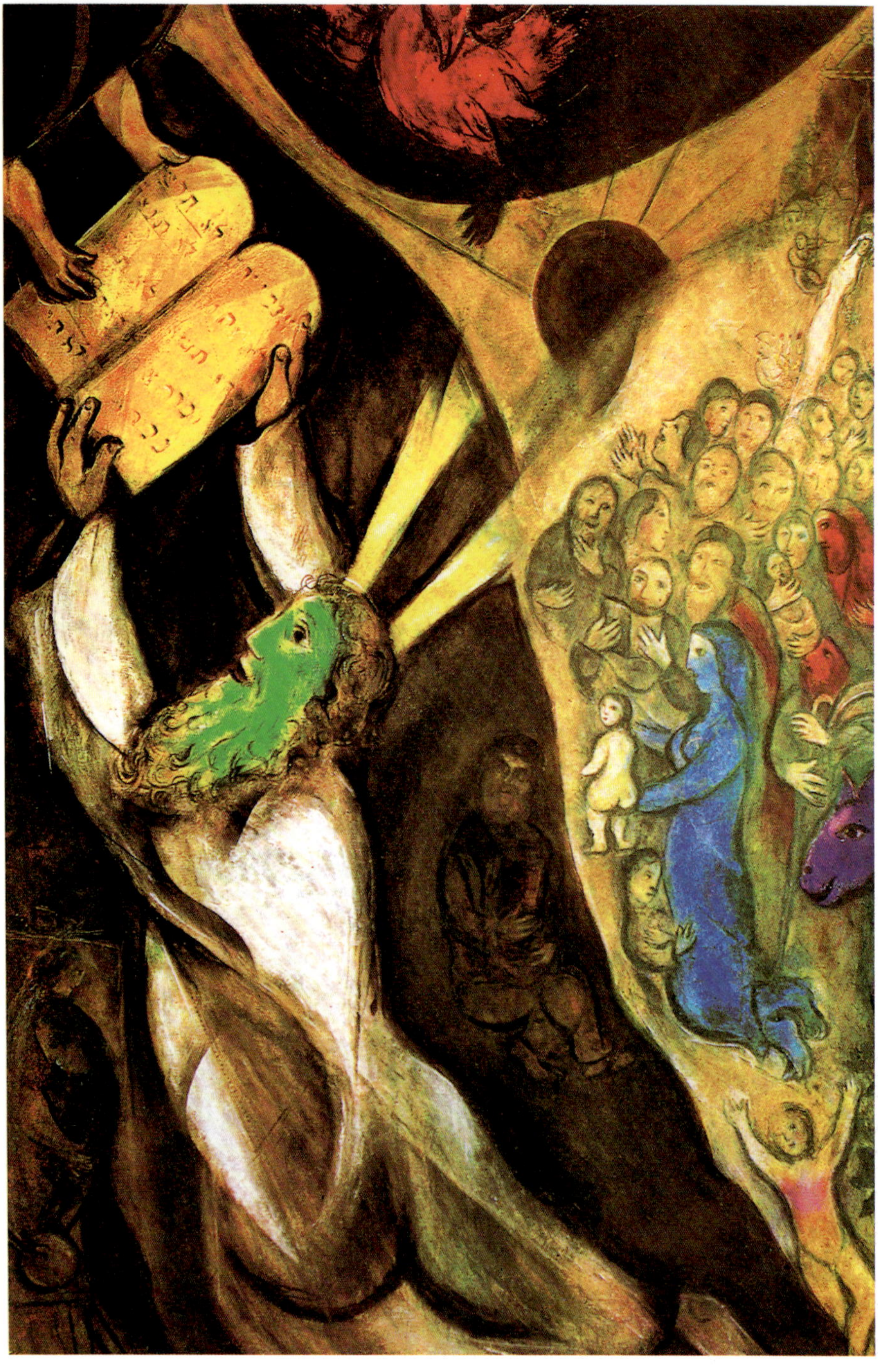

MOSE
Der begnadete Mann

Ich denke an den begnadeten Mann Mose.
Die Menschen, ja die halbe Welt gewannen ihn lieb.
Er vereinigte die Liebe Gottes und der Menschen auf sich.
Sein Name hat bis heute hohen Rang.
Diesem Menschen verlieh Gott Ansehen und Würde,
als wäre er sein engster Mitarbeiter im Kreise der Engel
und aller guten göttlichen Kräfte.
Seine Feinde hatten allen Respekt vor ihm,
seine Worte bewirkten Zeichen und Wunder.
Gott gab ihm eine Sonderstellung
unter den Mächtigen der Welt,
berief ihn zu seinem Botschafter unter den Menschen
und gewährte ihm Einblick in seine Hoheit.
Er suchte ihn für sich aus,
weil Mose Treue und Bescheidenheit bewies.
Gott gab sich ihm zu verstehen und umhüllte ihn
mit seinem Geheimnis wie eine Wolke.
Er vertraute ihm die Gebote an,
die Grundlage von Leben und Weisheit,
damit er den Völkern
die Weisungen Gottes vermitteln sollte.

AARON
Ansehen und Autorität

Eine große Gestalt der Gottesgeschichte ist Aaron,
der Bruder des Mose.
Gott gab ihm einen besonderen Auftrag und machte ihn
zum Verwalter des Heiligen unter den Menschen.
Er stellte ihn regelrecht heraus,
verlieh ihm besonderes Ansehen und stattete ihn
mit besonderer Würde aus, mit Autorität.
Die Kennzeichen seines Amtes waren
von besonderer Schönheit und Wirkung.
Keiner kam ihm gleich.
Mose, sein Bruder, salbte ihn mit Öl;
Auftrag und Segen sollten alle Generationen überdauern.
Gott hat ihn zum Zeichen gesetzt,
und so wurde er zum Inbegriff des Friedens.
Er sollte Gesetz und Recht verwalten
zum Nutzen der Menschen.
Neider gab es und Eifersüchtige.
Die versanken im Nichts gegenüber der Hoheit Gottes.
Aaron aber errang noch mehr Ansehen und Autorität.
Gott selbst wurde sein Vermächtnis.

PINHAS
Lebendige Weisheit

Der Enkel Aarons, Pinhas, kam zu hohem Ansehen,
weil er treu zu Gott stand und hielt.
Er wurde zum Inbegriff für Vergebung.
Frieden wurde ihm verliehen
und damit die Kraft der Versöhnung.
Sein Vermächtnis ist lebendige Weisheit,
die im Herzen wohnen will
und guten Umgang mit Macht ermöglicht,
damit die Menschen glücklich werden
und der Sinn des Lebens nicht verlorengeht.

JOSUA UND KALEB

Gebet und Gefährtenschaft

Josua erwähnen wir als Nachfolger des Mose.
Er war ein großer Prophet.
Er hat Bedeutendes für sein Volk getan
gegen seine Widersacher.
Alles lag ihm daran, daß sein Volk das Erbe Gottes behielt.
Keiner konnte ihm widerstehen.
Es schien, als wäre er Herr über die Naturgewalten.
Er war eifrig im Gebet.
Das gab ihm Kraft zum Sieg über die Feinde.
Er war treu in der Nachfolge.
Das gab ihm Vollmacht.
Kaleb, sein treuer Gefährte, der den Auszug aus Ägypten
und den Einzug in das Gelobte Land miterlebte,
leistete Widerstand gegen das Aufbegehren des Volkes
und verhinderte große Schuld.
Beide haben den langen Marsch überlebt
und kamen ans Ziel,
die Vision wurde Wirklichkeit: das gelobte Land.
Kaleb wurde alt, sehr alt,
und die nachfolgenden Generationen traten sein Erbe an.
Das Volk konnte sehen, was es bedeutet,
wenn man Gott gehorcht.

RICHTER UND SAMUEL
Eingriff in die Geschichte

Die Richter, die Verwalter von Recht und Gerechtigkeit,
sollen besonders erwähnt werden,
sofern sie Gott treu blieben.
Mögen sie in der Ewigkeit Ruhe finden.
Ihr Name soll ihren Nachfahren Segen bringen.
Und Samuel, ein Sprecher seines Gottes,
brachte Segen über sein Volk und verpflichtete
die Herrscher zu ihrer Verantwortung.
Er setzte sich für die Gebote ein und sorgte für ihre Geltung.
Bald schon sah man,
daß seine Voraussagen Wirklichkeit wurden.
Er sprach mit Gott, dem Allerhöchsten,
mitten in der Bedrohung, und Gott griff ein in die Geschichte
und ließ die Feinde ins Leere laufen.
Kurz vor seinem Tod bekannte er vor Gott,
daß er nie Geld genommen habe
und auch keine Sachzuwendungen.
Er war über jeden Verdacht erhaben.
Noch nach seinem Tod wirkte seine Kraft weiter.
Es war, als käme seine Stimme aus dem Grab,
um dem Herrscher das Ende anzusagen
und den Gotteslästerern das Nichts.

DAVID

Zwerg gegen Riese, Glaube gegen Hochmut

Als David König war, wirkte Nathan
in seiner großen Weisheit zum Guten.
Das Königtum war Davids Bestimmung, als hätte man
eine kostbare Blume auf den Altar gestellt zu Gottes Ehren.
Als Junge war er ein besonnener und gewissenhafter Hirte,
der fast spielerisch mit der Herde umging
und gleichzeitig Löwen und Bären von ihr fernhielt.
Berühmt machte den Knaben der Kampf mit Goliath,
Zwerg gegen Riese, Steinschleuder gegen Rüstung,
Glaube gegen Hochmut:
Gottes großer Sieg in der Hand des kleinen Menschen.
Man sang Lieder auf ihn.
Man ehrte ihn hoch, als man ihn zum König berief.
In der Zeit seiner Regentschaft herrschte er weise
und konsequent, schuf die Einheit seines Volkes neu
und vergaß nie, Gott zu danken
mit Liedern, Gedichten und Gebeten.
Mit ganzem Herzen und allen seinen Sinnen
blieb er verliebt in seinen Schöpfer.
Kunst und Musik gehörten stets für ihn
zum guten Gottesdienst, und die Feiertage
erhielten neue Bedeutung und Würde.
Gottes Name allein sollte gerühmt werden.
Die schweren Fehler,
die er auf sein Gewissen geladen hatte,
fanden Vergebung, und Gott wurde sozusagen
auf Dauer sein politischer Verbündeter.

SALOMO
Frieden und Weisheit

Salomo, der verständige Sohn Davids, übernahm als König
ein Friedenserbe vom Vater. Frieden nach innen
und Frieden nach außen, das Werk Gottes.
Schon der junge Salomo zeichnete sich
durch Erkenntnisbereitschaft aus
und nahm die Botschaft der Wahrheit auf
wie ein trockener Schwamm das Wasser.
Mit ungezählten Sinnsprüchen und weisen Entscheidungen
machte er sich landauf, landab einen Namen
und wurde geliebt.
Überall sammelte man seine Lieder, seine Gedichte,
seine Sinnsprüche, seine Gleichnisse und Deutungen.
In einem Atemzug verband man mit dem Namen Salomo
den Namen Gottes.
In seiner Friedenszeit kam es zu großem Wohlstand
in jeder Hinsicht.
Aber er hatte eine gravierende Schwäche:
Er liebte viele schöne Frauen.
Mit ihnen holte er sich Aberglauben
und Atheismus ins Haus,
falsche Ansprüche und feindliche Ansichten.
Dennoch gab er seiner Schwäche nach
und verachtete oft genug das Erbe der Vorfahren.
Sein Herz war nicht mehr eindeutig.
Er ließ sich nicht mehr ausschließlich von Gott
und seinem Glauben bestimmen,
er verlor die politische Linie,
teilweise ging sein Friedensreich zu Bruch.
Trotz der Skandale in Salomos Leben
zog Gott nicht die Hand vom Rest seines Volkes,
und das Vermächtnis Davids hatte Bestand.

REHABEAM
Folgen der Torheit

Rehabeam war ein kleiner König im südlichen Landesteil
gegen Ende des 10. Jahrhunderts,
Sohn Salomos, der nach dessen Beerdigung
mit vierzig Jahren an die Macht kam.
Ein Mann ohne Frömmigkeit, ohne Einsicht, ohne Vernunft,
der durch seine Torheit aus Freunden Feinde machte.

JEROBEAM
Abkehr vom Weg zu Gott

Der ehemalige Beamte Salomos war nach Ägypten
geflohen. Er kehrte zurück, als Salomo tot war.
Man machte ihn zum König des Nordens.
Es geschah, wie der Prophet Ahija vorausgesagt hatte.
Schlechte Regentschaft
und die Wiedereinführung des Stierkultes
führten dazu, daß man ihn aus dem Lande jagte.
Das war eine direkte Folge seiner Abkehr vom Weg mit Gott.

ELIA UND ELISA

Der Prophet und sein Nachfolger

Der Prophet Elia war Feuer und Flamme für Gottes
Nachricht und wie ein Licht im dunklen Raum.
Hungersnot und Dürre herrschten im Land,
und man schrieb es ihm zu, als habe Gott auf seinen Wunsch
die Schleusen des Himmels geschlossen.
Man pries den Propheten für seine große Wunderkraft.
Als der Sohn einer Witwe dicht bei Sidon schwer erkrankte
und mit dem Tode rang, rief Elia ihn ins Leben zurück.
Politisch hat er massiv ins Geschehen eingegriffen
durch seine unerbittliche und eindeutige Stellungnahme
zu den religiösen Mißständen bei Hofe und im Lande.
Auf dem Berg Horeb zog er sich in eine Höhle zurück,
und im Schweigen und in der Stille vernahm er Gott
unmittelbar und sah am Horizont der Zeit,
was kommen würde über das Volk.
Manchen Herrscher, der zum Werkzeug Gottes
werden sollte, hat der Prophet mit ins Amt gehoben.
Als er starb, erzählte man sich, Gott habe ihn
mit einem Wagen in den Himmel holen lassen,
was Ausdruck einer tiefen Verehrung dieses Propheten war.
Seine Botschaft sollte leben und himmlischen Einfluß haben
auf das Verhalten der Menschen gegenüber dem Erbe
der Vorfahren. Gut haben es die, die diesen Mann
zu Lebzeiten gekannt haben und in Liebe zu ihm starben.
Wenn wir sein Erbe antreten,
wird sich auch unser Leben erfüllen.
Elisa wurde Elias Nachfolger, und der prophetische Auftrag
umhüllte ihn unwiderstehlich wie ein Mantel.
Staunend bewunderten die Menschen seine Kraft,
seine Worte, seine Taten, die Wunderbares an sich hatten.
Nur Spott konnte er nicht vertragen. Er hatte eine Vollglatze.
Dorfkinder lachten ihn aus. Der Prophet freute sich,
als viele von ihnen von Bären zerrissen wurden.
Aber sein Lebenswerk war groß.
Dennoch änderten sich die Menschen nicht;
das Volk wurde kleiner. Manche dienten Gott,
andere blieben gleichgültig.

HISKIA UND JESAJA
Ein König und sein Prophet

Am Ende des 8. Jahrhunderts übernahm Hiskia
ein zerschundenes Reich.
Aber er stemmte sich gegen die Hoffnungslosigkeit.
Er schuf Befestigungsanlagen, er legte Wasserleitungen an,
sogar eine eiserne Leitung durch den Fels hindurch.
Brunnen wurden gebaut.
Der assyrische Herrscher Sanherib
zog mit großer Streitmacht heran.
Zu Hiskia schickte er seinen Rabschake, seinen
Obermundschenk, seinen Hof- und Zeremonienmeister.
In wilden Drohungen und Beschimpfungen forderte er
die politische Trennung von Ägypten
und den neuerlichen Anschluß an Assur.
Die Menschen bekamen Angst vor Krieg und Unheil,
und sie bekamen Panik wie eine Frau in den Wehen.
In einem Gebetsgottesdienst baten sie Gott um Hilfe.
Die Hilfe kam, und zwar in der Gestalt des Propheten Jesaja.
Er warb bei dem König um Vertrauen zu Gott.
Fast zweihunderttausend feindliche Soldaten starben
an einer Seuche. Die Gefahr war vorüber.
Der König blieb Zeit seines Lebens Gott treu
und richtete sich nach den Weisungen
seines Prophetenfreundes Jesaja,
der ihm die Botschaft der Vorfahren erschloß und selbst
ein überzeugender Verkünder der Wahrheit war.
Zehn Striche ging der Schatten auf der Sonnenuhr zurück,
als Hiskia ein Zeichen erbat, und Jesaja machte ihm klar,
daß dies die Verlängerung seines Lebens bedeutete.
Der Prophet wurde zum Seelsorger und Tröster des ganzen
Volkes. Er sah in die Zukunft und in die Geheimnisse
und verkündete bleibend den Frieden Gottes.

JOSIA UND JEREMIA

Gottesdienst und sinnvolles Leben

Mit acht Jahren kam er auf den Thron und regierte 31 Jahre lang: Josia, der gute König, der zusammen mit David und Hiskia genannt wird. Sein Name hat solch einen guten Klang, daß er kostbar gehalten wird wie ein edles Parfüm.
Die Erinnerung an ihn tut gut wie Honig auf der Zunge
oder wie edle Musik bei einem guten Wein.
Ihm oblag es, sein Volk für Gott zu gewinnen
und den Grausamkeiten der Gewissenlosen
Einhalt zu gebieten. Er achtete nur auf Gottes Weisungen
und brachte es fertig, mitten im gottlosen Land
den Gottesdienst wieder zu beleben.
Ganz anders war es mit anderen Herrschern,
die den Weg mit Gott verließen. Ihre Macht schwand, ihre
Reiche zerfielen, wie es der Prophet Jeremia gesagt hatte.
Ihn hatte man wegen seiner Offenheit schwer gefoltert.
Gerade ihn, dem schon vor der Geburt die Bestimmung
eingeprägt wurde, Prophet zu werden,
um das Böse zu vernichten, das Starre zu brechen,
die Brutalität auszuräumen,
vor allem aber Neues und Sinnvolles zu bauen,
um dem Leben zum Wachstum zu verhelfen.

HESEKIEL UND DIE ZWÖLF KLEINEN PROPHETEN

Wahrheit wie der Regenbogen

Erinnern wir uns an den Propheten Hesekiel,
der in strahlender Vision das Unbegreifliche begriff
und den ganzen Glanz Gottes
wie die Einhüllung in Engel erlebte und die Nähe der
Wahrheit wie den Regenbogen in seinen Farben.
Er hat auch von Hiob gesprochen,
der seinen Lebensweg in Gerechtigkeit durchhielt.
Wenn man sich dann noch klarmacht, welches Maß
an Trost und Befreiung von den zwölf kleinen Propheten
ausging, dann muß und soll aus ihrem Sterben
neues Leben werden.

SERUBBABEL, JESCHUA UND NEHEMIA
Wiederaufbau und Reform

Mitten im 6. Jahrhundert kehrten sie zurück,
die Gefangenen aus Babylon, brachten ihre heiligen
Geräte mit und die Hoffnung auf Freiheit und Toleranz.
Es war das Werk Serubbabels, dessen Name Wert hat
wie ein kostbarer Edelstein.
An seiner Seite war der treue Priester Jeschua,
und beide zusammen brachten es mit vielen Helfern fertig,
den Tempel wieder aufzubauen, die heilige Stätte,
denn sakraler Raum dient der Vermittlung ewigen Glanzes.
Schließlich gebührt Nehemia alle Anerkennung,
der die Vollendung des großen Werkes bewirkte,
die Stadt sicherte und für durchgreifende Neuerungen
und Reformen sorgte auf der Grundlage der Zehn Gebote.

ERINNERUNG AN FRÜHE GESCHICHTE

Henoch vor allem, dessen Leben unmittelbar
mit der Ewigkeit in Verbindung stand,
bietet ein ungewöhnliches Bild des Menschen, einzigartig.
Joseph ist ebenso zu erwähnen: Statt Bitterkeit zeigte er
offene Arme und verhalf seinem Volk zu Leben und Zukunft.
Bei der Heimkehr in die alte neue Heimat nahm man
seine Gebeine aus Dankbarkeit und Ehrfurcht mit.
Set und Sem haben auch ihren festen Platz
in unserem ehrenden Gedächtnis.
Set war der Sohn der ersten Menschen,
und eine alte Geschichte erzählt, daß er aus Liebe
einen Zweig vom Baum der Erkenntnis im Paradies
auf das Grab seines Vaters pflanzte.
Sem war der älteste Sohn Noahs,
wurde der Begründer eines großen Volkes
und bekannt durch seine Ehrfurcht und sein Schamgefühl.
Adam, der Mensch, der erste Mensch, aber bleibt Inbegriff
der Schöpfung und Spiegel Gottes.

DER HOHEPRIESTER SIMON

Ein Vorbote des Frühlings

Ich erinnere an Simon, den Sohn Onias,
der den Tempel erneuerte und befestigte.
Er brachte die Anlage auf doppelte Ausmaße.
Er ließ auch einen regelrechten See anlegen.
Alles, was in seinen Kräften stand, tat er,
um die Bevölkerung abzusichern.
Er machte großen Eindruck, wenn er Menschen begegnete.
Wenn er Gottesdienst feierte und sich zur Gemeinde
wandte, dann war es, als bräche die Sonne durch die
Wolken, oder als stünde der Mond am nächtlichen Himmel,
als läge himmlischer Glanz über der Gemeinde,
als spänne sich ein Regenbogen über die Menschen.
Er wirkte dann wie ein Vorbote des Frühlings oder wie die
Irisblüten am Gewässer oder wie eine blühende Bergwiese.
Er wirkte auch wie wundervoller Duft im heiligen Gefäß
und dann wieder wie ein künstlerisch getriebener Kelch
mit Verzierungen aus Edelstein.
Sein Wesen schien wie ein Ölbaum zu sein,
der viel Frucht trägt, und zuweilen wirkte er
wie ein hoher Zypressenbaum, der jedem Sturm standhält.
Wenn er sein priesterliches Gewand anlegte und zum Altar
schritt, dann ging von ihm strahlender Glanz aus.
Wenn die, die mit ihm gemeinsam die Liturgie feierten,
um ihn standen oder ihm die Spenden der Gemeinde
aushändigten, dann wirkten sie wie eine Gruppe Zedern
oder wie schmückende Palmzweige. In allem, was er
gottesdienstlich tat, in Ritus und Spontaneität, zeigte er Ruhe
und Dankbarkeit, die zu einem einzigen Lob Gottes wurden.
Danach erklang Gesang aus vielen Kehlen.
Man kniete und betete, sprach mit Gott, der allein
Autorität ist, und lobte ihn mit feierlichen Gesängen
und fröhlichen Liedern, bis der Gottesdienst zu Ende war
und die priesterliche Pflicht erfüllt.
Wenn er sich dann wieder zur Gemeinde wandte, spendete
er den Segen, und sein Vorrecht war es, den Namen Gottes
behutsam aussprechen zu dürfen. Da öffneten sich die
Menschen, und der Segen Gottes fand Platz in ihren Herzen.

NACHTRAG
ZU UNSERER ERINNERUNG AN DIE VORFAHREN

Nun danket alle Gott,
der große Wunder tut
an allem Leben,
der unser Leben trägt
vom Mutterleibe an
und Gutes will uns geben:
ein immer fröhlich Herz
und Frieden allezeit
in Liebe und Vergeben,
in alle Ewigkeit.

SCHLUSSBEMERKUNG

Ich, Jesus ben-Eleazar ben-Sirach,
habe die weisheitliche Erfahrung
in diesem Buch gesammelt.
Alles kommt von Herzen.
Glücklich ist der Mensch,
der sich in diesen Erkenntnissen übt.
Wer die Ehrfurcht vor Gott und dem Leben
in seinem Herzen wohnen läßt,
wird zu den Liebevollen und Verständigen gehören.
Wenn er seine Einsichten dann auch verwirklicht,
wird ihm das Leben gelingen;
denn Gottes Wahrheit ist sein Wegweiser.

DANKGEBET

Dir gilt mein Dank,
mein Herr und mein Gott,
mein Herz ist voll davon, mein Heiland.
Ich danke dir,
daß du mich behütest und mich leitest.
Ich danke dir,
daß du mich vor Unglück, vor Versuchung
und vor falschen Menschen bewahrt hast.
Du hast mir Rückhalt gegeben
gegen meine Widersacher,
du hast mich befreit vom Druck anderer.
Das alles tust du aus Liebe.
Ich danke dir.
In meinem Leben hast du mir oft Halt geboten
und hast mir in den vielen Traurigkeiten geholfen,
als käme ich aus großer Glut frei
oder würde bewahrt vor dem Fall ins Nichts.
Vor Menschen mit böser Zunge oder falscher Aussage
hast du mir die Angst genommen.
Ich danke dir.
Wie oft hatte ich das Empfinden,
mein Leben sei in höchster Gefahr.
Ich hatte Angst, schreckliche Angst,
die mich förmlich einschloß und würgte.
Bei Menschen fand ich keine Hilfe.
Dann erinnerte ich mich an dich,
denn deine Liebe ist grenzenlos,
und du bist stets bei denen, die dich erhoffen.
Ich erhob mich, bat um Hilfe,
wandte mich inständig an dich, mein Vater.
Dann warst du da. Deshalb danke ich dir,
ich danke dir, daß du meine Gebete erhörst.
Du hast mich getragen in den Stunden der Angst,
wie ein Vater sein krankes Kind trägt.
Deshalb danke ich dir von ganzem Herzen,
und meine Seele wird immer dein Lied singen.

EINE BITTE GANZ AM SCHLUSS

Schon als junger Mensch suchte ich intensiv
nach Weisheit und Wahrheit, obwohl ich in der Welt
noch überhaupt nicht herumgekommen war.
Im Gottesdienst, im Gebet suchte ich nach ihr
und bin überzeugt, daß mein ganzes Leben
davon geprägt sein wird.
Über meine Einsichten und Erkenntnis empfand ich
eine unwahrscheinliche Freude, eine Freude
wie über eine kleine Blüte oder eine reife Frucht.
Ich begegnete der Weisheit Gottes auf diese Weise
von Jugend an, ich widmete mich ihr
und nahm sie in mein Herz.
Mein Leben wurde dadurch unendlich viel reicher,
und ich fühlte mich glücklich.
Eben darum danke ich meinem Schöpfer,
daß er mir den Zugang zur Ehrfurcht ermöglichte.
Ich faßte den Entschluß, meine Erkenntnisse zu verwirklichen
mit dem Ziel zum Guten. Ich habe es nie bereut.
Das lag wahrscheinlich daran, daß ich mich innerlich
mit Wahrheit und Glauben intensiv auseinandersetzte
und mir vornahm, mein Leben entsprechend zu führen.
Oft genug habe ich Gott ins Ohr hinein geklagt,
daß ich seine liebende Offenbarung nicht erkannt hatte.

Aber wie ein Kompaß seine Nadel immer nach Norden
richtet, so richtete ich meine Seele
immer wieder auf Wahrheit aus.
Und ich fand sie, deutlich und klar.
Da ging es wie ein Ruck durch mein Leben:
bleibende Erkenntnis. Und ich wußte,
mein Leben kann nicht vergeblich sein. Ich spürte stets
meine Sehnsucht nach Weisheit, und ich entdeckte sie,
wie man einen verborgenen Schatz entdeckt.
Seither fühle ich, daß Gott mir so etwas
wie eine neue Sprache verlieh.
Mit ihr will ich ihn loben.
Am liebsten würde ich laut rufen: Kommt zu mir,
ihr Sehnsüchtigen, ich will euer Lehrer sein.
Ihr sagt, es fehle euch an Erkenntnis,
und ihr sagt, ihr sucht nach ihr. Warum?
Ich habe in diesem Buch gesprochen und geschrieben.
Kauft, Leute! Kauft! Holt euch, wonach ihr euch sehnt.
Es ist umsonst, es kostet euch kein Geld.
Ich könnte auch sagen: Bitte, bedient euch!
Aber ihr müßt Demut lernen
und die Weisheit als eure Lehrerin anerkennen.
Dann werdet ihr ihr begegnen; denn sie ist euch nahe.
Seht mich! Mühe und Arbeit hat es gekostet, aber nur kurz.
Dann habe ich den Sinn des Lebens gefunden.
Ich bitte euch: Nehmt meine Einsichten an.
Es ist so, als würdet ihr Gold für Silber bekommen.
Seid froh, daß Gott euch so liebt und bewahrt.
Scheut euch nicht, öffentlich zu ihm zu stehen
und seinen Namen zu rühmen.
Tut es, so lange ihr es noch könnt.
Gott wird euer Leben bestätigen.
Er tut alles zu seiner Zeit.

Peter Spangenberg, geboren 1934, ist Pastor, war lange Jahre in der Großstadt und auf dem Dorf tätig und widmet sich im Ruhestand weiter der Mitarbeit als Dozent an der Bildungswissenschaftlichen Hochschule/Universität Flensburg im Bereich der Evangelischen Religions-Pädagogik. Er lebt in Achtrup/Nordfriesland. Neu ist für ihn die ehrenamtliche Aufgabe als Ombudsmann für Kinder im Kirchenkreis Südtondern. Er ist Autor und Herausgeber von über dreißig Publikationen: Neben Themen zum Glauben und zur Theologie finden sich Meditationen, Erzählungen, Märchen, Fabeln, Laienspiele, Lyrik, Lieder und ein Kriminalroman.

Titel:
Pia Bühler, Lebensfaden; © Bildarchiv Rodrun/Bühler

Seite 9:
Marc Chagall, Der Jongleur, 1943 (Ausschnitt), New York, Privatbesitz;
© VG Bild-Kunst, Bonn 1998, Photo: AKG Berlin

Seite 14:
August Macke, Südlicher Garten, 1912

Seite 26:
Amedeo Modigliani, Zigeunerfrau mit Kind, 1919;
National Gallery, Washington; Foto: G. Westermann – Artothek

Seite 36:
Wassily Kandinsky, Improvisation 9; 1910; Staatsgalerie Stuttgart;
© VG Bild-Kunst, Bonn 1998

Seite 45:
Marc Chagall, In der Dämmerung (Ausschnitt), 1938–43, Privatbesitz;
© VG Bild-Kunst, Bonn 1998

Seite 54:
August Macke, Kinder am Brunnen, 1914; Städtisches Kunstmuseum, Bonn;
Foto: AKG Berlin

Seite 66
Henri Matisse, Der Zirkus (1943, aus dem Zyklus „Jazz")
© Succession H. Matisse/VG Bild-Kunst, Bonn 1998

Seite 78:
Wassily Kandinsky, Improvisation 6 (Afrikanisches), 1909, Städtische Galerie im Lenbachhaus, München; © VG Bild-Kunst, Bonn 1998; Foto: Peter Willi – Artothek

Seite 92:
Vincent van Gogh, Eisvogel, 1886; Rijksmuseum Vincent van Gogh, Amsterdam

Seite 106:
Max Pechstein, Das rote Beamtenhaus in Nidden, 1911
© Pechstein / Hamburg – Tökendorf; Foto: Artothek

Seite 120:
Marc Chagall, Blühende Federn, 1943; Musée nationale d'Art moderne, Paris;
© VG Bild-Kunst, Bonn 1998

Seite 132:
Paul Gauguin, Stilleben mit Mangofrüchten, 1896; Privatbesitz;
Foto: Christie's – Artothek

Seite 146:
Odilon Rodon, Rotes Boot, 1905; Musée d'Orsay, Paris

Seite 160:
Pablo Picasso, Drei Musikanten, 1921, Museum of Modern Art, New York;
© Succession Picasso/VG Bild-Kunst, Bonn 1998

Seite 172:
Marc Chagall, Mose empfängt die Gesetzestafeln, 1950-52, Privatbesitz;
© VG Bild-Kunst, Bonn 1998

Seite 184:
Henri-Edmond Cross, Zypressen in Cagnes, 1908; Musée d'Orsay, Paris;
Foto: AKG Berlin